SKETCHNOTES & BULLET JOURNAL FÜR KIDS

Sie finden uns hier:

www.instagram.com/mitp_verlag/

www.facebook.com/mitp.Verlag

blog.mitp.de

www.pinterest.de/mitpverlag/

www.linkedin.com/company/mitp-verlag/

Diana Meier-Soriat

SKETCHNOTES & BULLET JOURNAL FÜR KIDS

mitp

Bibliografische Information der Deutschen Nationalbibliothek
Die Deutsche Nationalbibliothek verzeichnet diese Publikation in der Deutschen Nationalbibliografie; detaillierte bibliografische Daten sind im Internet über <http://dnb.d-nb.de> abrufbar.

Bei der Herstellung des Werkes haben wir uns zukunftsbewusst für umweltverträgliche und wiederverwertbare Materialien entschieden.
Der Inhalt ist auf elementar chlorfreiem Papier gedruckt.

ISBN 978-3-7475-0811-4
1. Auflage 2024

www.mitp.de
E-Mail: mitp-verlag@sigloch.de
Telefon: +49 7953 / 7189 - 079
Telefax: +49 7953 / 7189 - 082

Lektorat: Sabine Schulz
Sprachkorrektorat: Petra Heubach-Erdmann
Covergestaltung: Christian Kalkert
Coverillustrationen: Diana Meier-Soriat
Satz: III-satz, Kiel, www.drei-satz.de
Druck: ADverts in Riga, Lettland

INHALT

EINLEITUNG

Hallo du! Herzlich willkommen bei »Sketchnotes & Bullet Journal für Kids«. In diesem Buch entdecken wir eine Welt voller Kreativität, Organisation und vor allem Spaß! Hier erkunden wir gemeinsam, wie du deine Gedanken in lebendigen Bildern festhalten und deine Tage auf spielerische Weise strukturieren kannst. Hier lernst du, wie du Sketchnotes sowohl im Alltag als auch für die Schule nutzen und wie du mit der Bullet-Journal-Methode planen und deine Gedanken sortieren kannst. Ich zeige dir hier Schritt für Schritt den Weg in die Welt der visuellen Notizen. Ich kann dir versprechen, dass du nicht nur sehr viel Spaß haben, sondern auch in der Lage sein wirst, deinen Schulalltag zu strukturieren und kreative Projekte umzusetzen.

Du denkst, du kannst nicht zeichnen? Doch, das kannst du! Jeder kann zeichnen und ich zeige dir, wie du mit wenigen Strichen nicht nur tolle Bilder für deine Sketchnotes erstellen, sondern auch, wie du mit weiteren visuellen Elementen deine ersten Schritte in der kreativen Gestaltung deines Bullet Journals gehen kannst.

In **Kapitel 1** erfährst du, was sich hinter dem Begriff Sketchnotes eigentlich verbirgt, und du probierst direkt die ersten kleinen Übungen aus.

In **Kapitel 2** erfährst du alles über das Bullet Journal. Was bedeutet Bullet Journal, wer hat es erfunden und wofür brauchst du das eigentlich?

Bevor wir dann richtig loslegen, zeige ich dir in **Kapitel 3** kurz, welche Materialien du fürs Sketchnoten und Bullet Journaling brauchst, d.h. welche Stifte, welches Papier und welches Material sich am besten für deine kreative Reise eignet.

Du entdeckst in **Kapitel 4** die ersten Bausteine der Kreativität. Hier geht es um die kreative Strukturierung mithilfe von Containern und Rahmen.

Spannend wird es in **Kapitel 5** – wir widmen uns hier dem Sketchnotes ABC – dem Herzstück von Sketchnotes. Hier erfährst du, wie du aus den Grundelementen Kreis, Viereck, Punkt und Strich deine ersten Symbole zeichnen kannst.

Lebendig wird es in **Kapitel 6**, denn hier entdeckst du die Welt der Strichfiguren. Egal ob du einfache Strichfiguren oder Figuren in Bewegung zeichnen möchtest – hier findest du Inspiration und viele Anleitungen.

In **Kapitel 7** geht es um Pfeile, Linien und Trenner. Hier erfährst du, wie du Ideen verbindest, Informationen gliedern und klare Strukturen schaffen kannst.

Kapitel 8 führt dich durch die kunstvolle Welt der Schrift. Egal ob Text, Beschriftung oder Überschrift – du lernst, wie Schrift nicht nur Mittel zur Kommunikation ist, sondern auch ein kreatives Gestaltungselement sein kann.

Jetzt geht es los mit den Projekten. Alles für zu Hause findest du in **Kapitel 9**. Vom Sketchnote-Selfie über Glückwunschkarten bis hin zu Sketchrezepten und der Geburtstagsplanung – hier erfährst du, wie du die Kreativität in den unterschiedlichsten Alltagssituationen einbringen kannst.

In **Kapitel 10** dreht sich alles um die Schule. Von Stundenplänen über Aufgabenverwaltung bis hin zur Vorbereitung von Referaten und dem Lernen von Vokabeln mit Sketchnotes – hier bekommst du wertvolle Tipps, um deine schulischen Aufgaben auf kreative Weise und mit Spaß zu erledigen.

Begib dich auf eine wunderbare kreative Reise und ich bin schon jetzt gespannt, was du draus machst, ich wünsche dir viel Spaß!

Deine Diana, ich zeichne dann mal mit...

1 WAS SIND SKETCHNOTES?

Du hast sicherlich schon etwas von Sketchnotes gehört, oder? Aber was sind Sketchnotes überhaupt?

Das sind kreative Notizen, die du machst, wenn du Dinge lernst oder dir Sachen merken möchtest. Stell dir vor, du schreibst nicht nur Wörter auf, sondern zeichnest auch Bilder und Symbole dazu. Diese ergänzt du mit Rahmen und Pfeilen und kleinen Figuren. Das kannst du dir wie eine Landkarte vorstellen.

Wenn du zum Beispiel über einen Ausflug schreibst, könntest du kleine Zeichnungen von den Orten machen, die du besucht hast, oder Geschehnisse zeichnen, die du erlebt hast. Oder wenn du über Tiere lernst, könntest du das Tier zeichnen und die wichtigsten Informationen dazuschreiben. Das Schöne an Sketchnotes ist, dass du deine Fantasie benutzen kannst, um alles bunt und interessant zu gestalten.

Sketchnotes helfen dir, Dinge besser zu verstehen und dir zu merken. Die Bilder machen es einfacher, sich Sachen zu merken, als nur Worte zu lesen. Das nennt sich Bildsprache. Und das Beste ist, dass du beim Zeichnen und Schreiben viel Spaß haben kannst! Also schnapp dir deine Stifte und probiere es aus – du wirst sehen, wie toll Sketchnotes sein können!

WAS BEDEUTET SKETCHNOTES?

Schauen wir uns doch mal das Wort SKETCHNOTES an: Sketch bedeutet »zeichnen« und »Notes« bedeutet »Notizen«.

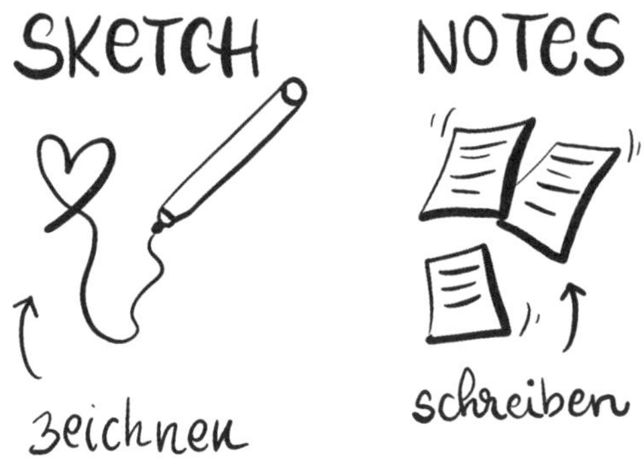

Und wenn wir die beiden kombinieren, dann haben wir eine »Sketchnote«.

So gehst du vor:

- Schreibe das Wort **SKETCHNOTES**.
- Zeichne einen **Stift**.
- Zeichne einen **Rahmen** drum herum.
- Tadaaaaaa! Du hast deine erste Sketchnote erstellt!!

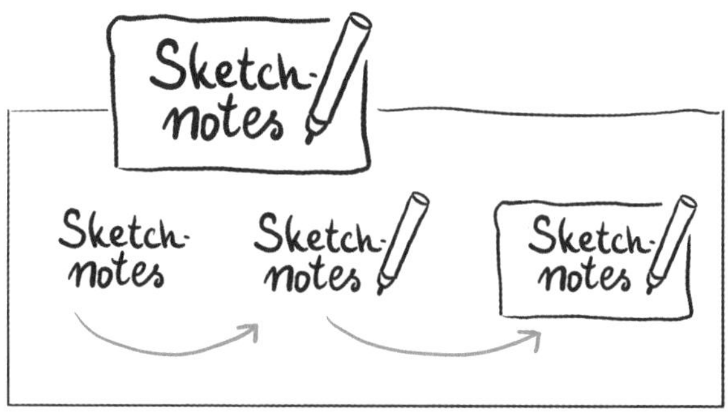

Weil du hier auch ein bisschen was lernen willst, erkläre ich dir jetzt erst mal die richtige Definition von Sketchnotes:

Sketchnotes sind visuelle Notizen, die aus einer Mischung aus

- Schrift
- Zeichnungen (Symbolen)
- grafischen Elementen wie Kästchen (Container), Pfeilen und Linien

bestehen.

Und wenn du dir deine erste kleine Sketchnote ansiehst, dann hast du genau das gemacht. Sie besteht aus:

- Schrift
- einem Symbol
- einem Kästchen

Der Erfinder heißt Mike Rohde. Das ist ein ziemlich cooler Typ aus Amerika, der sich immer sehr gelangweilt hat in seinen Konferenzen und einfach angefangen hat, das Gesagte und das Gehörte mitzuzeichnen, anstatt nur mitzuschreiben. Das heißt, statt nur Text zu schreiben, hat er Inhalte mit Bildern ersetzt, verstärkt oder kombiniert.

Die Definition, die ich dir oben erklärt habe, kannst du auch als Sketchnote umsetzen und dann sieht das so aus:

ERSTE KLEINE ÜBUNGEN

Du hast gelernt: Sketchnotes bestehen aus

- Schrift
- Symbol
- Container bzw. Rahmen

Jetzt zeige ich dir ein paar Beispiele, die du gleich mitzeichnen kannst. Im ersten Beispiel geht es um deine Lesezeit. Überlege dir zunächst, welches Symbol gut für die Lesezeit passen könnte. Das denkst du bestimmt an ein Buch.

Vielleicht möchtest du dir mal eine Zeit reservieren, in der du in Ruhe lesen möchtest. Dann kannst du diese Zeichnung benutzen und sie vielleicht vor deine Zimmertür hängen, weil du von deinen Geschwistern nicht gestört werden möchtest.

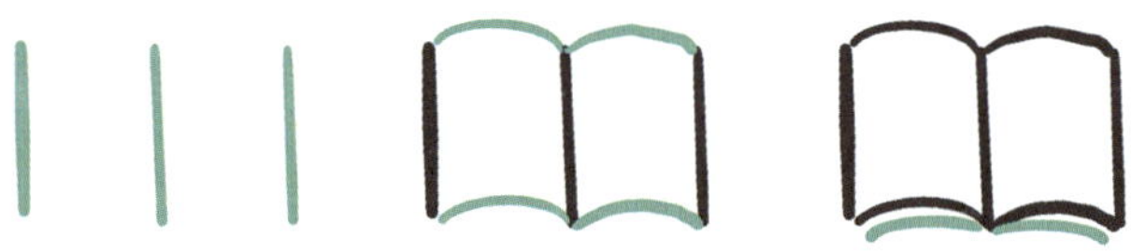

Wenn du zum Beispiel das Datum mal ein bisschen anders darstellen möchtest, dann schau dir doch mal diese hübsche Idee an:

Das Datum kannst du immer nutzen: in deinem Tagebuch, in deinen Mitschriften für die Schule, wo immer du eben ein Datum hinsetzen möchtest.

Und hier zeige ich dir noch ein paar Beispiele, wie du deine ersten kleinen Mini-Sketchnotes erstellen kannst:

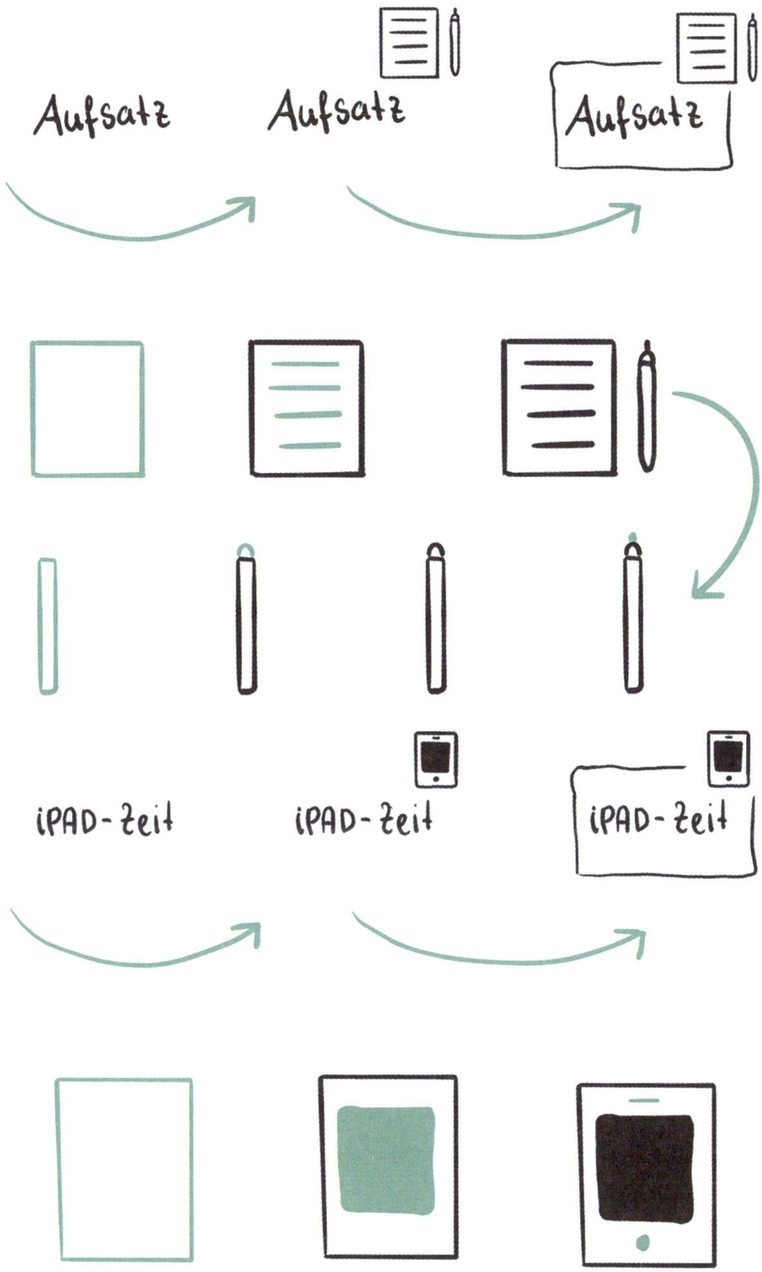
Aufsatz
Aufsatz
Aufsatz
iPAD-Zeit
iPAD-Zeit
iPAD-Zeit

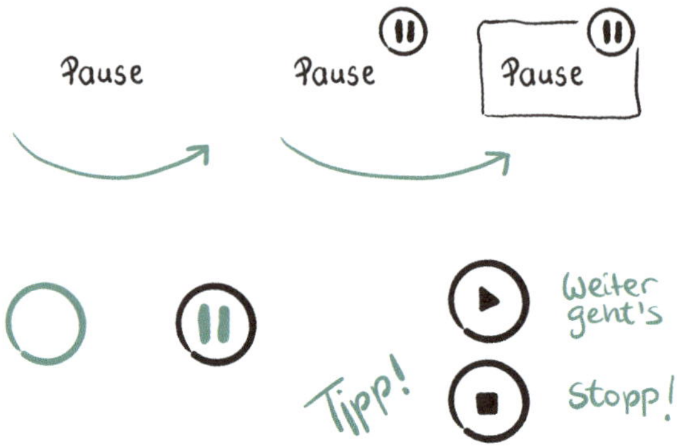

So kannst du dir mal einen Tagesplan gestalten, das kann dann zum Beispiel so aussehen:

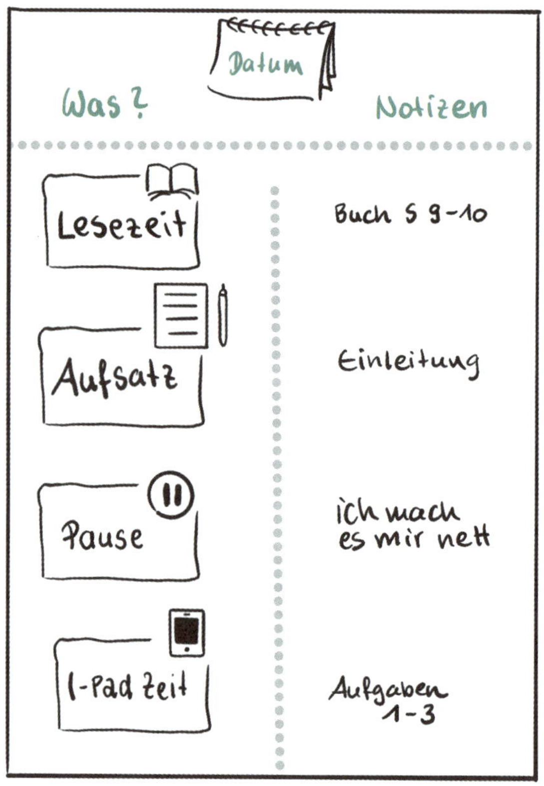

Du siehst so auf einem Blick, was zu tun ist.

Benutzt haben wir hier Schrift, Kästen (Container) und Symbole.

Vielleicht hast du weitere Ideen, zum Beispiel für Geburtstagsfeiern, Spaziergänge oder deinen Sport.

Das war jetzt dein erster kleiner schneller Start in die Welt der visuellen Notizen.

2 WAS IST EIN BULLET JOURNAL?

Alles, was du brauchst, wenn du die Bullet-Journal-Methode anwenden möchtest, ist erst mal ein Notizbuch und ein Stift. Und da gestaltest du dir alles, wo und wie es dir gefällt und wie du es brauchst. Aber jetzt wollen wir erst mal rausfinden, worum es sich eigentlich dabei handelt.

WAS BEDEUTET BULLET JOURNAL?

Am besten schauen wir uns erst mal den Begriff BULLET JOURNAL an. BULLET bedeutet »Kugel«. Vielleicht kennst du auch das Wort »Bullet Points«. Das sind im Grunde genommen nichts anderes als Punkte beziehungsweise Aufzählungszeichen. Vielleicht hast du die ja schon einmal verwendet, wenn du dir mehrere Dinge oder Aufgaben aufgeschrieben hast.

JOURNAL bedeutet eigentlich Tagebuch. Gemeint ist hier aber eigentlich das Notizbuch, in das du etwas einträgst.

Der Erfinder des Bullet Journals heißt Ryder Carroll. Der war im Übrigen in der Schule nicht besonders gut. Er hat sich oft verzettelt und hatte Schwierigkeiten beim Lernen. Als er irgendwann erwachsen war, hat er für sich ein System gefunden, um strukturierter zu arbeiten und endlich das Chaos in seinem Kopf zu beseitigen. Dazu kommen wir später noch.

Besonders dabei war, dass er sich all das eben nicht auf Zettel oder Notizblöcke oder Post-its aufgeschrieben hat, sondern alles gesammelt in einem Notizbuch gemacht hat. Damit einfach alles an einem Ort ist.

Schlussendlich hat er sowohl seine Termine (wie ein Kalender) als auch seine ganzen Aufgaben damit verwaltet. Und das Ganze hat er Bullet Journal genannt.

Das Bullet Journal half ihm, seine Gedanken zu organisieren. Er notierte dort wichtige Termine, schrieb seine Aufgaben auf, die er erledigt haben wollte. Er hat dort sogar seine Ziele festgelegt.

Im Bullet Journal arbeitet man oft mit Listen und dafür nutzt man gerne sogenannte »Bullet Points«. Daher kommt der Name Bullet. Und weil das Ganze in einem leeren Notizbuch und nicht in einem vorgefertigten Kalender stattfindet, heißt es eben Bullet Journal.

WOFÜR BRAUCHST DU EIN BULLET JOURNAL?

Ein Bullet Journal ist wie ein Freund, der dir hilft, organisiert zu bleiben und deine Erinnerungen festzuhalten.

Mit einem Bullet Journal kannst du all deine Hausaufgaben, Projekte und wichtigen Termine an einem Ort aufschreiben.

Auch Listen kannst du damit machen. Das ist super, um Sachen abzuhaken, die du erledigen musst. Oder wenn du deine Lieblingslisten schreiben möchtest. Und wenn du große Ziele hast, kannst du sie aufschreiben und Schritt für Schritt daran arbeiten. Ein Bullet Journal kann dir übrigens auch richtig helfen, wenn du in der Schule bist!

Zusammengefasst kannst du in deinem Bullet Journal Folgendes tun:

- To-do-Listen führen und Aufgaben verwalten (super für die Schule)
- Kalender selbst zeichnen (kannst du immer anpassen, wie du es gerade brauchst)
- Erinnerungen festhalten (das kannst du mit Sketchnotes schreiben und zeichnen)
- Weitere Listen erstellen (für Ziele, Ideen finden und Lieblingslisten und vieles mehr)
- Dein Skizzenbuch führen
- Was immer du willst, eintragen!

Du kannst es so bunt, kreativ und persönlich gestalten, wie du möchtest. Du kannst aber auch ganz minimalistisch arbeiten, je nachdem worauf du Lust hast und wie viel Zeit dir zur Verfügung steht.

Was ich echt klasse finde, ist, dass es dir hilft, den Überblick zu behalten. Du musst dir das Bullet Journal wie ein externes Gehirn vorstellen. Sag mal ganz ehrlich: Was passiert mit Dingen, die du zum Beispiel noch nicht erledigt hast? Die gehen permanent in deinem Gehirn spazieren. Und manchmal gehen sie sogar verloren. Wenn du sie aber schon mal aufschreibst, dann kannst du damit dein Gehirn entlasten. Und dich dann auch mehr entspannen.

Dein Bullet Journal ist wie ein geheimer Helfer, der dir richtig nützlich sein kann. Es macht außerdem Spaß, es zu gestalten, und es ist echt praktisch. Stell dir vor, das ist dein Schülerkalender, der einfach immer passt, egal, ob du gerade Schule hast oder Ferien!

Wenn du jetzt schon ganz viele Ideen für dein Bullet Journal hast, schreib dir schon mal die Ideen auf. Aber warte noch ein bisschen ab, in den nächsten Kapiteln zeige ich dir zunächst noch ganz viele Elemente, die du für dein Bullet Journal verwenden kannst, und später im Buch setzen wir dann gemeinsam ein paar Beispiele um.

3 STIFTE & CO.

Nun willst du bestimmt sofort starten. Was brauchst du überhaupt, um loszulegen? Na klar! Einen Stift und Papier! Der beste Stift ist erst mal der, der direkt neben dir liegt. Das kann ein Bleistift sein, dein Füller oder Kugelschreiber. Die besten Ideen entstanden übrigens auf einer Serviette, das ist vielleicht nicht die beste Schreibunterlage, aber die Vorstellung ist doch eigentlich ganz lustig.

Dennoch möchte ich dir hier ein paar Materialempfehlungen geben, damit du so starten kannst, dass dir dein Ergebnis möglichst gut gefällt und du das Beste aus deinen Sketchnotes rausholen kannst.

STIFTE ZUM SCHREIBEN UND ZEICHNEN

Am besten besorgst du dir erst mal einen schwarzen Filzstift oder einen Fineliner. Diese Stifte haben sogenannte Strichstärken, das sind Zahlen, die aussagen, wie dick dein Strich beim Schreiben und Zeichnen wird. Ich empfehle dir eine Strichstärke von 0,5 mm bis 1,0 mm.

Außerdem solltest du darauf achten, dass deine Stifte nicht verschmieren. Auf solchen Stiften steht dann zum Beispiel wasserfest oder »water resistant«. Diese Stifte sind tintenbasiert und sie verwischen nicht, wenn du zusätzlich mit einer helleren Farbe drübermalst.

STIFTE ZUM KOLORIEREN UND SCHATTIEREN

Wenn du deine Sketchnotes oder dein Bullet Journal mit Farben aufpeppen möchtest, eignen sich zum Beispiel Textmarker oder Pinselstifte. Am besten verwendest du helle oder pastellige Farben.

Mit ein bisschen Farbe in deinen Zeichnungen kannst du tolle Effekte erzielen und deinen Symbolen in Nullkommanix ein bisschen Leben einhauchen. Wie das geht, zeige ich dir in Kapitel 5 »Sketchnotes-ABC«, wo wir in die Welt der Sketchnotes-Symbole eintauchen.

Du kannst natürlich auch deine Buntstifte verwenden. Das dauert nur einfach ein bisschen länger. Also wie erwähnt: Der beste Stift ist immer erst mal der, denn du gerade bei dir hast!

PAPIER & CO.

Du kannst natürlich auf jedem Papier Sketchnotes zeichnen. Du kannst normales Kopierpapier benutzen oder deine Eltern bitten, dir Kopierpapier mit etwas dickerem Papier (zum Beispiel ab 120g) zu besorgen. 120g-Papier ist glatter, saugt nicht so sehr und schont dadurch auch die Marker oder Pinselspitzen der Brushpens, da die Oberfläche leicht satiniert ist.

Du kannst dir für deine Sketchnotes und dein Bullet Journal auch einen Notizblock oder ein Notizbuch besorgen. Es gibt auch Notizblöcke oder Notizbücher mit Punkteraster. Das nennt sich »Dot Grid«. Der Vorteil ist hier, dass du problemlos gerade schreiben oder Linien ziehen kannst, ohne ein Lineal zu benutzen, dennoch treten die Punkte optisch zurück.

Teste deine Stifte und dein Papier. Das macht erstens Spaß und zweitens kannst du sehen, wie sich die Stifte auf deinem Papier verhalten. Schau unbedingt auf die Rückseite und sieh nach, ob der Stift durchdrückt oder nicht. Schreibe dir dazu Infos über den Stift auf. Wie heißt der Stift und welche Farbe oder Farbnummer hat er? Probiere einfach ein bisschen herum und schau, was dir am besten gefällt. Am besten, du probierst die Stifte direkt im Schreibwarenladen aus und nimmst dein Notizbuch mit.

Du siehst, es gibt viele Möglichkeiten für Papier und Stifte. Also teste deine Stifte und dein Papier oder Notizbuch und habe Spaß daran, zu sehen, was passiert und vor allem auch, wie sie sich miteinander verhalten.

WEITERES MATERIAL

Gerade im Hinblick auf Bullet Journaling gibt es natürlich viel weiteres Material, das du benutzen kannst, vor allem Washi Tapes, Sticker und Stempel. All diese Dinge sind im Hinblick auf Gestaltung und Kreativität sehr spannend! Damit kannst du dich gerne austoben, so wie es dir gefällt.

4 CONTAINER UND RAHMEN

Bevor du jetzt direkt mit deinen ersten Sketchnotes und deinem Bullet Journal beginnst, zeige ich dir in diesem und den nächsten Kapiteln ein paar Elemente, die du immer gut gebrauchen kannst. Wir beginnen hier erst mal mit Containern und Rahmen. Vielleicht wolltest du schon gleich viele Symbole zeichnen, aber Rahmen zeichnen ist eine tolle erste Übung, weil sie einfach sind und du unfassbar viel damit anstellen kannst.

Stelle dir Container wie Kisten vor, in die du deine Zeichnungen und Worte packen kannst. Das macht Spaß und sieht toll aus!

CONTAINER ZEICHNEN

Der einfachste Container ist natürlich erst mal ein Viereck.

Wichtig ist immer: **Schreibe erst dein Wort oder deinen kurzen Text und ziehe dann erst deinen Container drum herum.** Es ist nämlich sonst oft so, dass das Wort nicht mehr richtig reinpasst, weil es im Vorhinein einfach sehr schwer einzuschätzen ist, wie viel Platz so ein Wort überhaupt braucht. Und dann bist du mit deinem Wort noch nicht fertig, aber der Container ist schon voll! Das Gleiche gilt natürlich auch, wenn du ein Symbol in einem Container haben möchtest. Immer erst schreiben oder zeichnen und der Container kommt am Ende drum herum. Es ist viel einfacher, einen Container an einen Text oder eine Zeichnung anzupassen, als umgekehrt. Klingt logisch, oder?

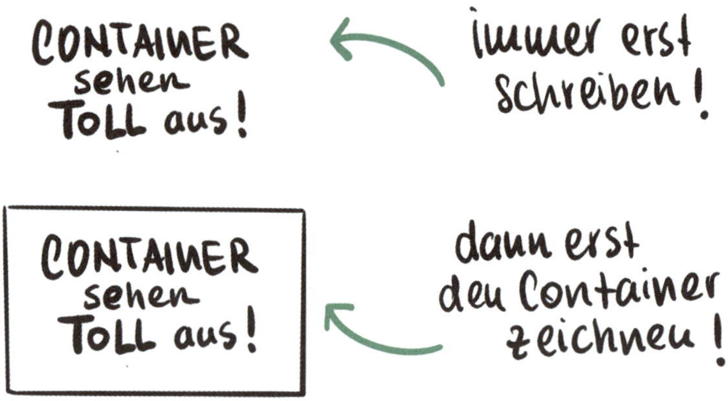

Hier siehst du mal ein paar Beispiele von verschiedenen Containern mit der gleichen Grundform des einfachen Containers, also des Rechtecks, aber in unterschiedlichen Ausführungen. Zeichne sie gerne ab und vielleicht magst du dir ja selbst welche ausdenken?

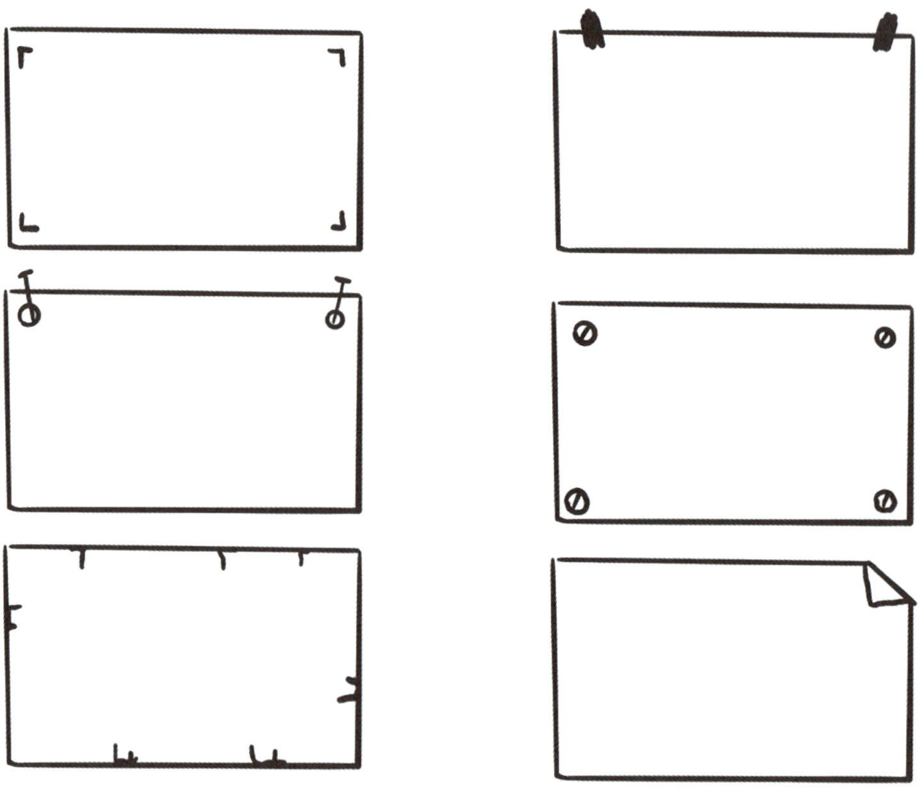

Container müssen aber auch nicht nur aus reinen Rechtecken bestehen. Schau mal, hier habe ich noch eine Auswahl an tollen Containern, aus denen du dich bedienen kannst. Zeichne sie gerne ab oder erfinde neue.

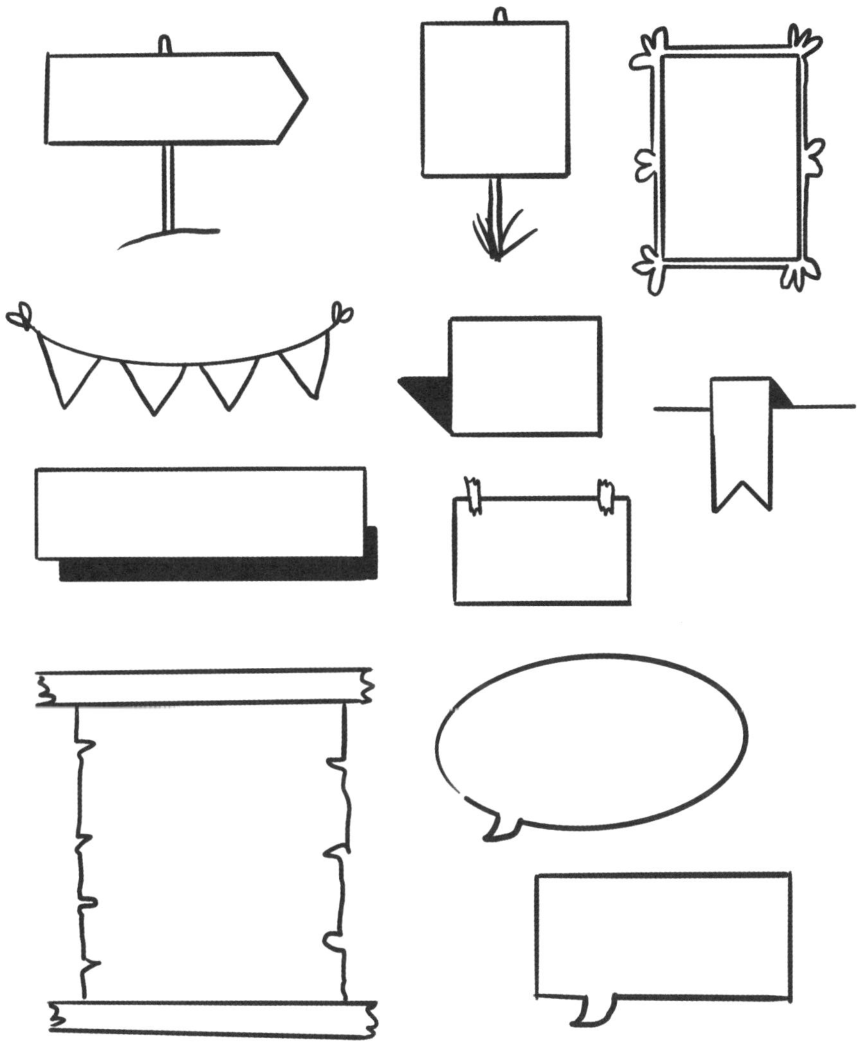

Hier zeige ich dir noch, wie du ein Banner zeichnest. Das eignet sich immer ganz toll für Überschriften. Wenn du es Schritt für Schritt einmal lernst, wirst du es bald auswendig zeichnen können. Das ist manchmal ein bisschen wie beim Tanzen. Da gibt es auch eine Schrittfolge. Je mehr du übst, desto leichter geht es dir von der Hand.

Banner zeichnen leicht gemacht

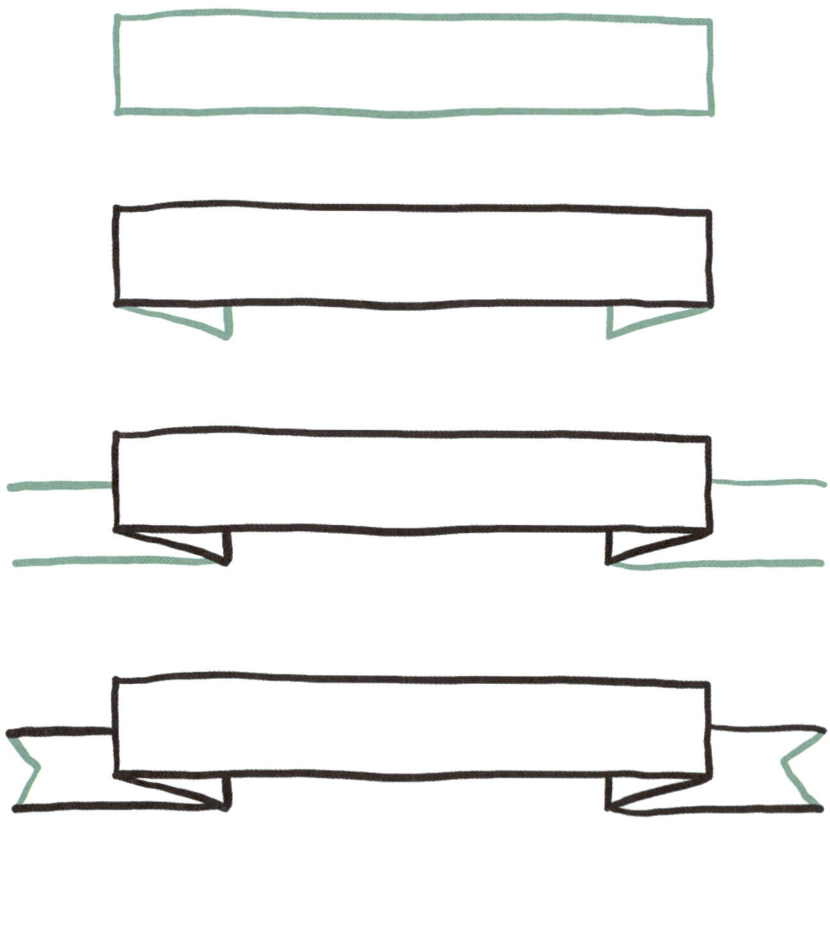

CONTAINER BRINGEN STRUKTUR

Mit Rahmen und Containern sieht alles einfach etwas schöner aus. Du kannst dir zum Beispiel eine ganz einfache To-do-Liste für einen Tag erstellen und diese mit einem schönen Container einrahmen, dann sieht die To-do-Liste direkt viel ansprechender aus. Dazu kannst du natürlich auch kleine Bullet Points verwenden. Alles über Listen erfährst du auch in Kapitel 10 »Alles für die Schule«.

Versuche dich auch gerne mal an einer Wochenplanung. Das ist übrigens auch toll für dein Bullet Journal. Dazu erfährst du noch mehr in Kapitel 10 »Alles für die Schule«.

Für eine Wochenplanung kannst du für jeden Tag einen eigenen Container machen. Achte darauf, in welcher Reihenfolge du zeichnest. Ich zeige dir das hier anhand eines Beispiels:

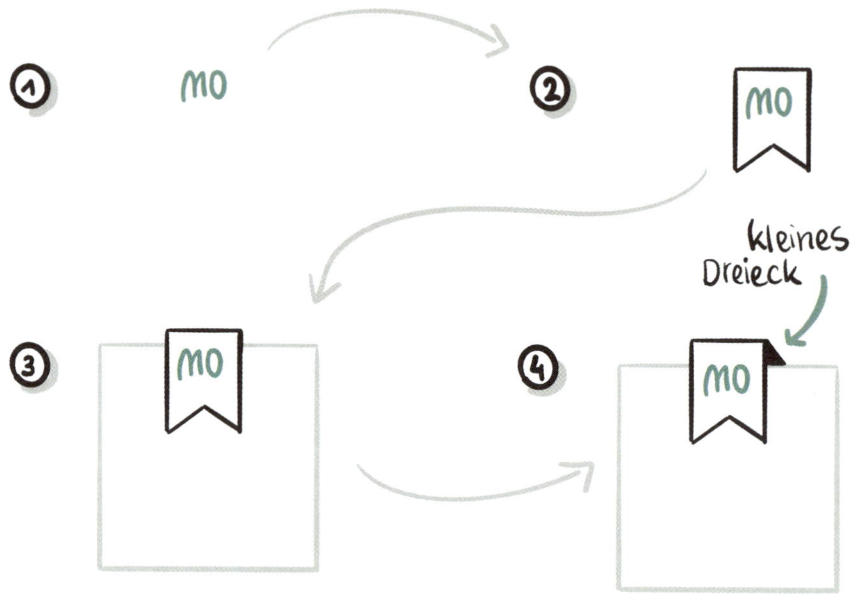

Und wenn du dann deine ganze Woche zeichnen möchtest, dann sieht das so aus:

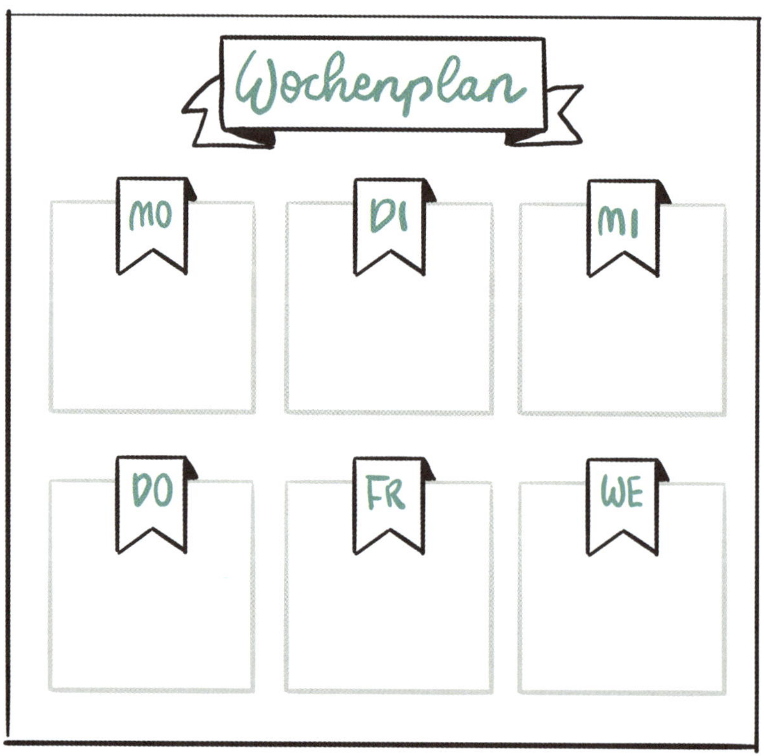

5 LOS GEHT ES MIT DEM SKETCHNOTES-ABC

Du kennst ja sicherlich das ABC, also das Alphabet. Es gibt aber auch ein Sketchnotes-ABC. Das ist ganz einfach und du kannst daraus alles zeichnen. Es besteht nämlich aus einem Kreis, einem Viereck, einem Dreieck, Punkt und Strich.

Und damit du dich mal ein bisschen aufwärmen kannst, zeichne doch einmal ein paar Kreise auf dein Blatt.

Und ich zeige dir ein paar einfache Tricks, wie du deinen einfachen Symbolen ein bisschen mehr Leben einhauchen kannst.

SKETCHNOTES-ABC – DER KREIS

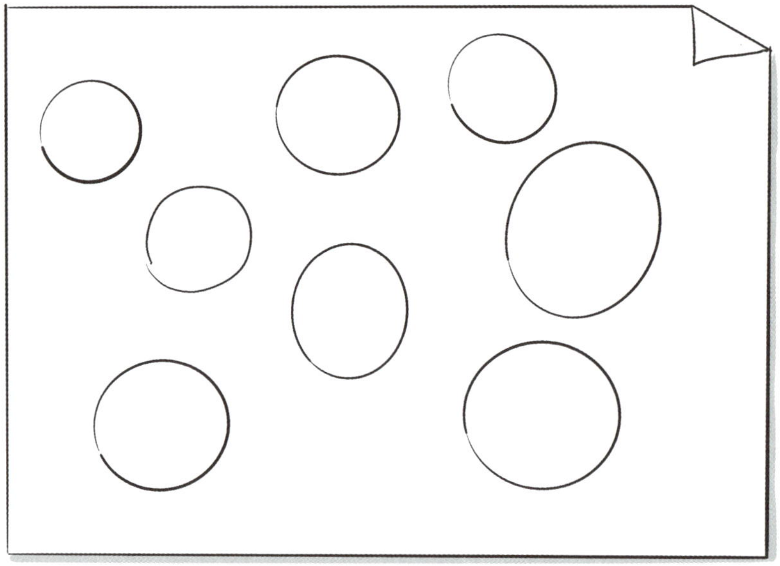

Wenn da ein paar Kreise eher wie Eier aussehen, macht das gar nichts. Du musst ja auch erst mal ein bisschen in Schwung kommen.

Jetzt kannst du dem Kreis ein bisschen Leben einhauchen, indem du mit einem Textliner, Filzstift oder Pinselstift einen Akzent setzt und ihm dadurch etwas Perspektive gibst. Du musst den Kreis nicht komplett ausmalen, sondern du kannst dich einfach an zwei Seiten halten. Zum Beispiel rechts und unten.

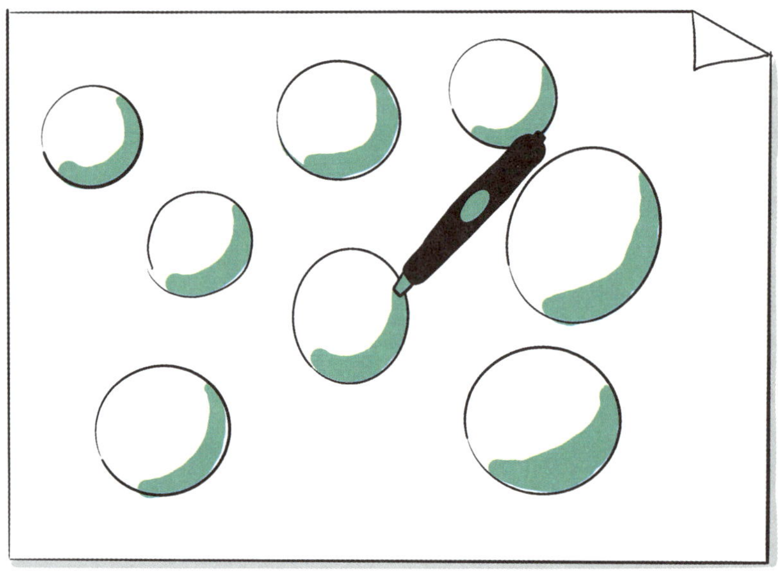

Du kannst den Akzent auch links und oben oder links und unten machen. Wichtig ist nur, dass du es innerhalb einer Sketchnote immer gleich machst, sonst wirkt das Bild unruhig. Wenn du unsicher bist, zeichne dir eine imaginäre Sonne hin. Da, wo die Strahlen treffen, bleibt es hell, da, wo die Strahlen nicht hinkommen, kannst du deinen Akzent setzen.

Wenn du möchtest, kannst du dem Kreis noch mehr Leben einhauchen, indem du ihm einen Schatten gibst.

Das kannst du mit einem hellgrauen Filzschreiber, Textmarker oder Pinselstift machen, oder du benutzt einfach Schwarz.

Es gibt viele Möglichkeiten, einem Kreis plötzlich Leben einzuhauchen und ihn mit wenigen Strichen in eine Kugel zu formen. Schau mal:

Und jetzt wollen wir mal sehen, was wir alles mit einem Kreis zeichnen können.

Wir beginnen mit der Uhr. Die Uhr ist ja erst mal einfach eine Uhr, richtig? Aber du kannst eben mit der Uhr noch andere Dinge ausdrücken. Die Zeit, einen Termin, eine Abgabe oder Deadline.

Wir machen weiter mit der Sonne. Wenn du die Strahlen immer paarweise mit der gegenüberliegenden Seite zeichnest, dann werden sie automatisch gleichmäßig.

Die Sonne ist ein sehr positives Symbol. Wir verbinden mit der Sonne auch gerne gute Laune, gutes Wetter sowieso, aber auch Ferien oder Sommer.

Auch die Blütenblätter der Blume werden gleichmäßiger, wenn du sie erst mal jeweils gegenübersetzt. Die Blume ist oft auch das Sinnbild für Frühling oder Natur.

Es gibt ja fast keine Sketchnote ohne die Glühbirne. Du kennst die bestimmt auch aus den Comics. Die Glühbirne steht auch für die Idee, den Geistesblitz, die Innovation oder einfach Energie.

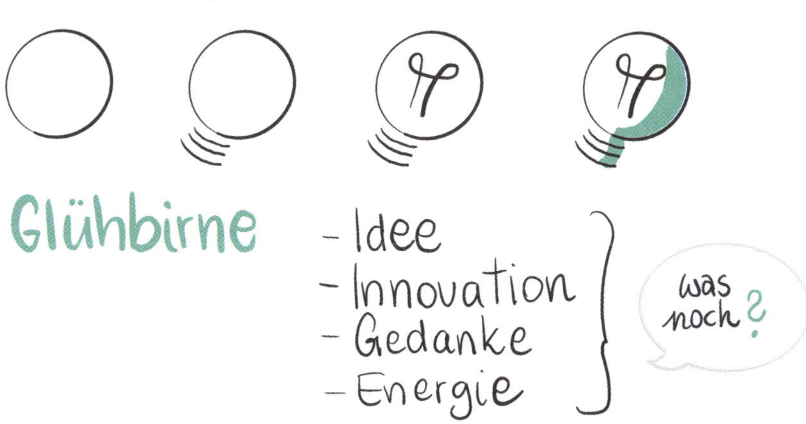

Den Globus kannst du immer gebrauchen! Er steht auch für die Welt, Geografie, für global und international. Die Flächen der Länder müssen nicht genau die Welt abbilden (es sei denn, du benutzt es für den Geo-Lehrer). Denn jeder, der diese Zeichnung sieht, wird dich nicht darauf festnageln.

Und dann zeige ich dir noch die Lupe. Die Lupe ist ein sehr starkes Symbol, das du in vielen Bereichen einsetzen kannst. Sie steht für Fokus, Detail, Recherche und Suchen.

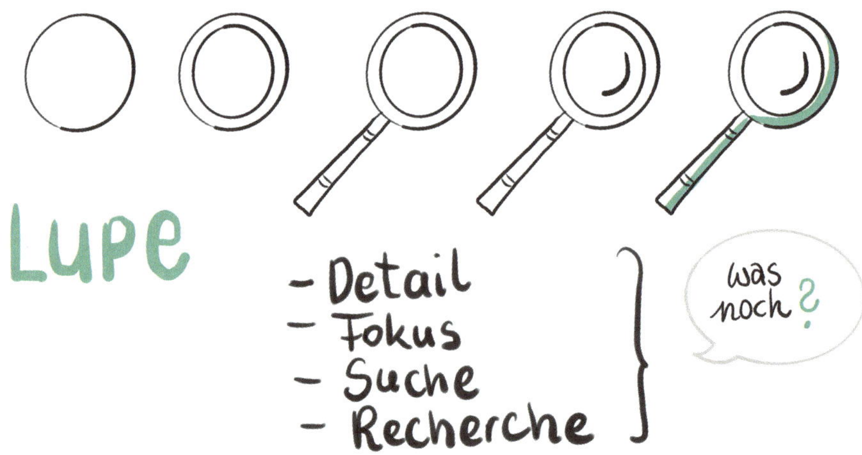

Und jetzt möchte ich dir noch etwas sehr Spannendes zeigen. Und zwar, wie du aus Kreisen alle möglichen Tiere zeichnen kannst.

Als Grundform kannst du einen Kreis benutzen, den du am besten mit Bleistift vorzeichnest. Ich zeige dir das hier an dem Beispiel einer Katze.

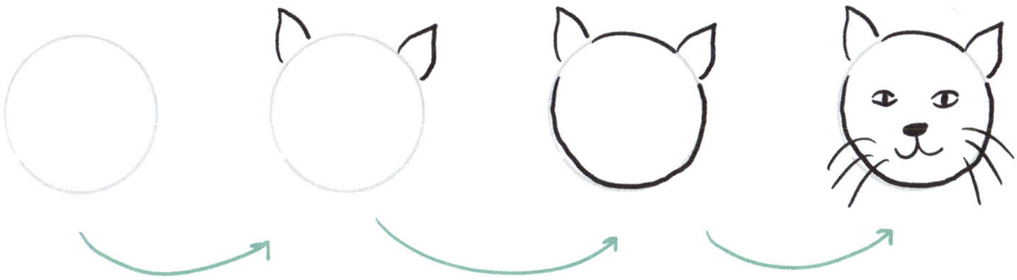

Und dann zeige ich dir hier noch, wie du ganz einfach einen Hund zeichnen kannst.

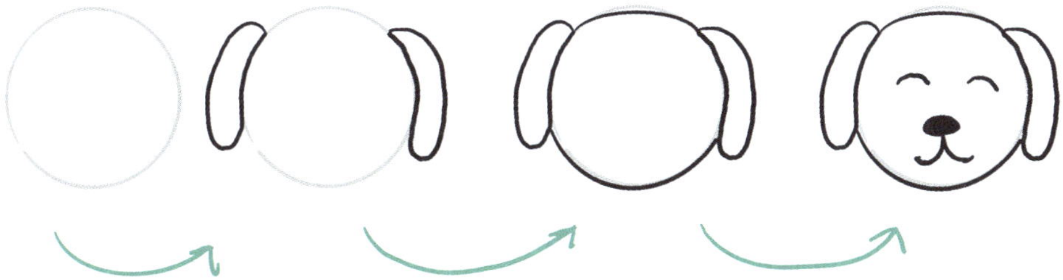

Ganz spannend ist es allerdings auch, wenn du sogar 2 Kreise nutzt. Das macht viele Tiere noch ein wenig realistischer.

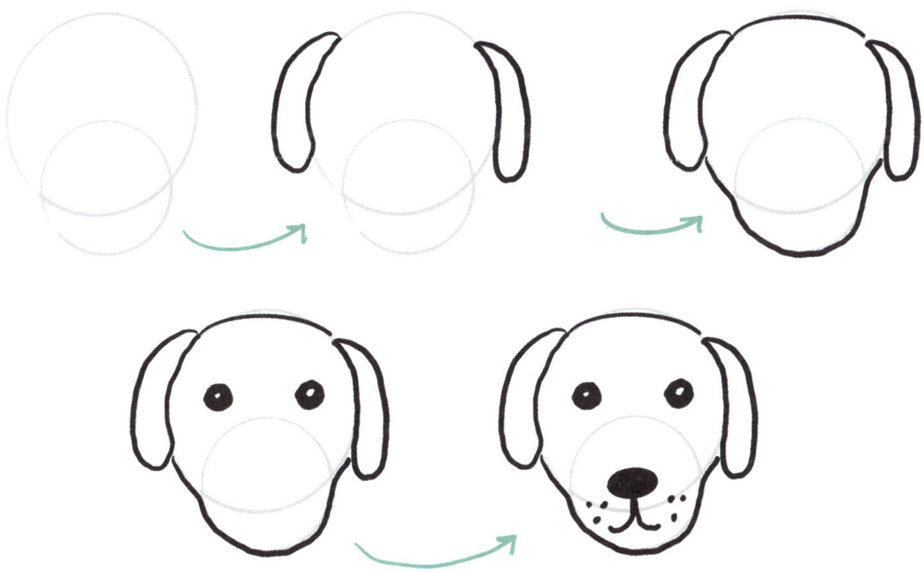

Und hier zeige ich dir noch ein paar weitere Beispiele. Die Kreise dienen dir wieder als Orientierungshilfe.

Probiere unbedingt weitere Tiere aus. Die Bleistiftskizze kannst du danach einfach wieder wegradieren.

Und jetzt du: Zeichne Kreise und überlege dir, was du daraus machen kannst. Weiter hinten im Buch findest du natürlich noch ganz viele weitere Symbole zum Nachzeichnen.

Du findest im hinteren Teil noch viele Symbole und Bilderwelten, die du für deine Kreativität und für die Schule nutzen kannst.

SKETCHNOTES-ABC – DAS VIERECK

Und jetzt machen wir die Übung noch einmal mit dem Viereck. Zeichne, wie du es vorher bei den Kreisen gemacht hast, einfach mal ein paar Vierecke.

Und genauso, wie du es bei den Kreisen schon gelernt hast, setzt du hier wieder mit einem farbigen Stift deine Akzente. Denke an die imaginäre Sonne.

Möchtest du noch mehr aus den Vierecken rausholen, dann setze noch Schatten!

Und hier habe ich noch ein paar Varianten für dich. Wenn du eine Sketchnote erstellst, entscheide dich am besten immer für EINE Variante. Das Bild wirkt dann viel ruhiger.

Varianten

Und nun zeige ich dir Symbole, die du aus Vierecken zeichnen kannst.

Wir beginnen mit einem ganz einfachen Symbol. Einem Notizzettel. Wenn du einen Stapel zeichnen möchtest, kannst du einfach rechts und unten ein paar Striche dazuzeichnen.

Notiz Notizen

Oder du zeichnest ein kleines Eselsohr. Das sieht sehr nett aus und jeder erkennt, dass es ein Blatt Papier ist.

Notizblatt mit Eselsohr

Notizzettel steht auch für Dokument, Antrag oder Formular. Du kannst es auch benutzen, um eine Erinnerung einzutragen. Es kann allerdings auch für Test stehen oder Aufgabe. Das Wort auf dem Notizzettel gibt an, was du damit meinst.

Durch die Schrift gibst du an, worum es geht!

Ein Kalenderblatt kannst du immer gut gebrauchen. Wichtig: Erst das Datum schreiben, dann erst das Viereck zeichnen. Warum? Es passt sonst meistens nicht oder du quetschst die Schrift komisch rein. Schreibst du erst den Text, bist du auf der sicheren Seite.

Du kannst es zur Datumsangabe allgemein nutzen oder für einen Termin oder einen Abgabetermin!

Verreist du gerne? Dann zeige ich dir hier einen Koffer! Er steht auch für Reise oder Urlaub und ist gar nicht schwer! (Und mit einer kleinen Abwandlung kannst du flott eine Aktentasche zeichnen. Aktentasche steht zum Beispiel auch für Arbeit.)

Ein Laptop begegnet uns heutzutage immer und überall. Bei der Tastatur sind wir nun ein bisschen mutiger und zeichnen ein Trapez dazu. Der Laptop steht auch für Website, Blog, Homepage oder Digitalisierung. Du kannst den Bildschirm auch als Textcontainer nutzen.

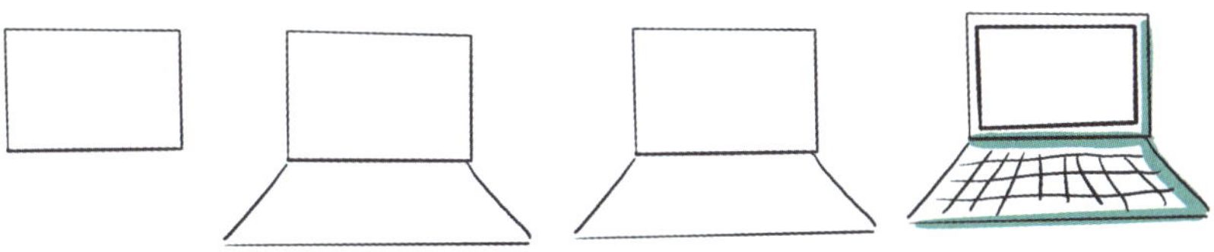

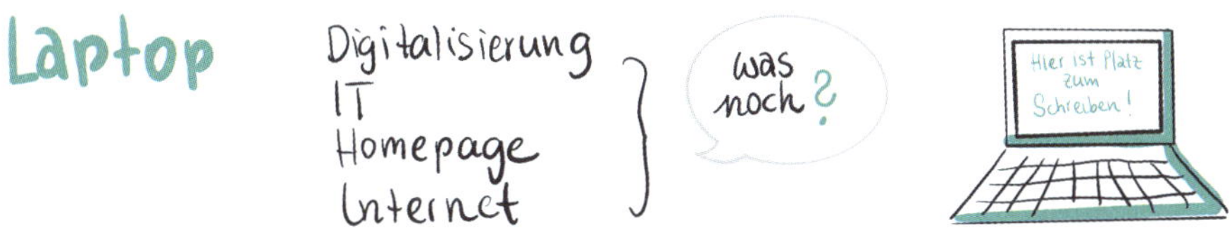

Und wenn wir gerade bei digital sind: Ein Smartphone zeichnet sich auch ganz fix.

Schreibst du noch Briefe? Dann schau mal, das ist ganz einfach aus dem Rechteck zu zeichnen. Und wenn du in die Mitte das @-Zeichen setzt, dann hast du schon die E-Mail dargestellt.

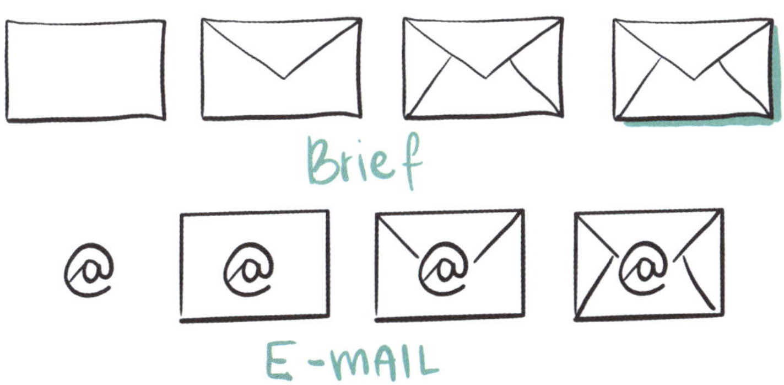

SKETCHNOTES-ABC – DAS DREIECK

Und nun kommen wir zum Dreieck, einer weiteren geometrischen Form in unserem Sketchnotes-ABC.

Zeichne einfach mal ein paar Dreiecke, die du über dein Blatt verteilst.

Und genau so, wie du es bereits beim Kreis und beim Rechteck gemacht hast, kannst du jetzt mit Farbe Akzente setzen.

Und wenn du Zeit und Lust hast, dann setze noch mal Schatten hinzu. Entweder mit einem grauen Marker oder aber einfach mit einer dickeren Linie in Schwarz.

Und nun geht es los, hast du schon eine Idee, was man so alles aus Dreiecken zaubern kann? Hier ein paar Vorschläge für dich!

Du kannst aus Dreiecken ganz einfach Berge zeichnen. Berge stehen oft für Herausforderungen oder auch Ziele. Einen Berg zu erklimmen hat ja immer etwas mit einer Challenge zu tun!

Gehst du gerne zelten? Wie wäre es mit einem Tipi? Auch das besteht aus wenigen Dreiecken.

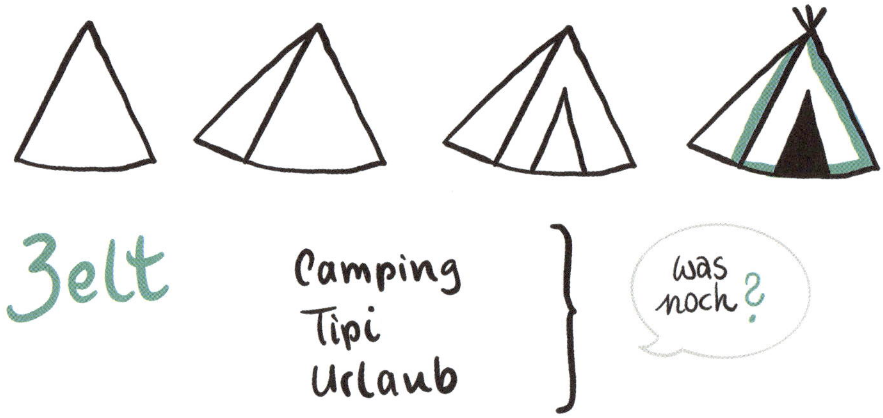

Und dann habe ich noch einen Diamanten für dich. Der Diamant wird oft mit Wertschätzung oder auch Reichtum in Verbindung gebracht!

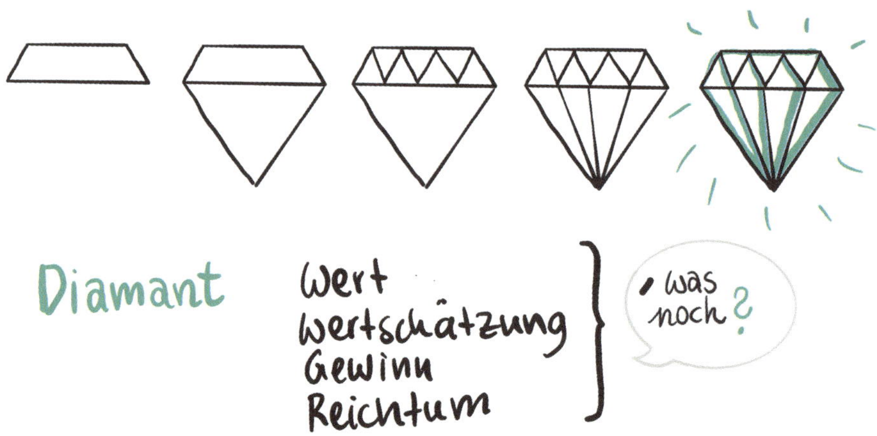

Du siehst: Sketchnotes basieren auf simplen Elementen wie dem Viereck, Kreis, Punkt und Strich. Diese grundlegenden Formen können erstaunlich vielseitig sein. Diese Elemente bilden also die Bausteine für deine visuellen Notizen.

6 FIGUREN

In diesem Kapitel widmen wir uns nun den Sketchnotes-Figuren. Mit einfachen Formen wie Kreisen, Rechtecken und Linien werden wir gemeinsam einfache Figuren erschaffen. Bist du bereit, mit mir in die Welt der Figuren einzutauchen? Lass uns gemeinsam die ersten Schritte für einfache Figuren machen.

DIE EINFACHE STRICHFIGUR

Die Grundform für eine Figur ist erst mal der Kreis. Wie ein Smiley eben, kennst du bestimmt, oder? Und oft ist es so, dass du gar nicht unbedingt eine ganze Figur zeichnen musst. Es reicht auch der Kopf und der Oberkörper. Du zeichnest also einen Kreis, setzt zwei gebogene Linien drunter und zeichnest dazu Augen und Mund.

Ich möchte dir aber gleich zu Beginn eine andere Variante zeigen. Benutze mal anstatt des Kreises ein Ei als Kopf. Und setze dann die Augen etwas enger zusammen.

Jetzt vergleiche mal beide Figuren. Fällt dir etwas auf? Vielleicht hast du bemerkt, dass eine Figur etwas kindlicher aussieht als die zweite. Schau mal: Selbst wenn du sie in gleicher Größe nebeneinander zeichnest, hast du hier eine kindliche Figur und eine etwas »erwachsenere« Figur gezeichnet.

Noch deutlicher wird es natürlich, wenn du die Figuren unterschiedlich groß zeichnest. Und all das nur mit diesen kleinen Unterschieden. Es ist nämlich im echten Leben auch so. Je jünger ein Mensch ist, desto runder sind die Köpfe. Und je älter der Mensch wird, desto schmaler werden die Köpfe. Das Gleiche geschieht mit den Augen. Babys haben große runde Augen. Bei Erwachsenen sind die Augen kleiner und stehen enger zusammen.

Der Oberkörper muss aber auch nicht unbedingt rund sein. Du kannst auch ein Rechteck zeichnen. Das ist vor allem dann praktisch, wenn du noch Arme dazu zeichnen möchtest. Weil du diese einfach an die äußeren Ecken setzen kannst.

Und wenn du jetzt noch ein paar kleine Elemente hinzufügst, hast du eine ganze Familie gezeichnet. Ein Strich durch den Kopf ist das Käppi des Jungen, eine kleine Welle macht die Strichfigur zur Mama und rechts mit einem »S« und einem »?« ohne Punkt hast du das Mädchen gezeichnet.

Nun kannst du Akzente setzen, wie du es in Kapitel 5 »Sketchnotes-ABC« gelernt hast.

Natürlich kannst du die Figur auch komplett zeichnen. Das Viereck als Körper und Rumpf hilft dir, die Beine und Arme anzusetzen. Bei den weiblichen Figuren kannst du anstatt des Rechtecks ein Trapez zeichnen. Dann haben die weiblichen Figuren Kleider an. Wichtig ist hier, dass du die Beine bitte nicht an die äußeren Ecken setzt. Sondern dich an den Schultern orientierst. Sonst würde die weibliche Figur ganz breitbeinig dastehen. Das kannst du hier gut an den Hilfslinien sehen.

Schau mal im folgenden Bild. Dort kannst du gut den Unterschied erkennen:

EMOTIONEN UND GEFÜHLE

Hier zeige ich dir ein paar Beispiele, wie du Emotionen zeichnen kannst. Schließlich sind wir ja nicht immer gut gelaunt, nicht wahr?

Oft sind es nur wenige Striche, die den feinen Unterschied machen. Schau mal hier: Ich habe 3 Gesichter gezeichnet, die erst mal gleich aussehen. Irgendwie traurig, oder?

Jetzt füge ich bei Figur 2 und 3 winzige Details an den Augen hinzu und schon haben wir die Abstufung:

- ◇ Traurig
- ◇ Wütend / böse
- ◇ Ängstlich verzweifelt

Hier zeige ich dir noch ein Beispiel mit leichten Änderungen. Achte auf die Augen und auf den Mund.

Wie sehr wenige kleine Striche den Unterschied machen, kannst du in dieser Matrix sehen. Die kommt von Mike Rohde, dem Erfinder von Sketchnotes. Probiere es aus!

Falls du schon ein Handy besitzt, kannst du dir dort die Emojis ansehen. Auf das Emoji-Menü kannst du über die Tastatur zugreifen. Dort findest du viel Inspiration für verschiedene Gesichtsausdrücke.

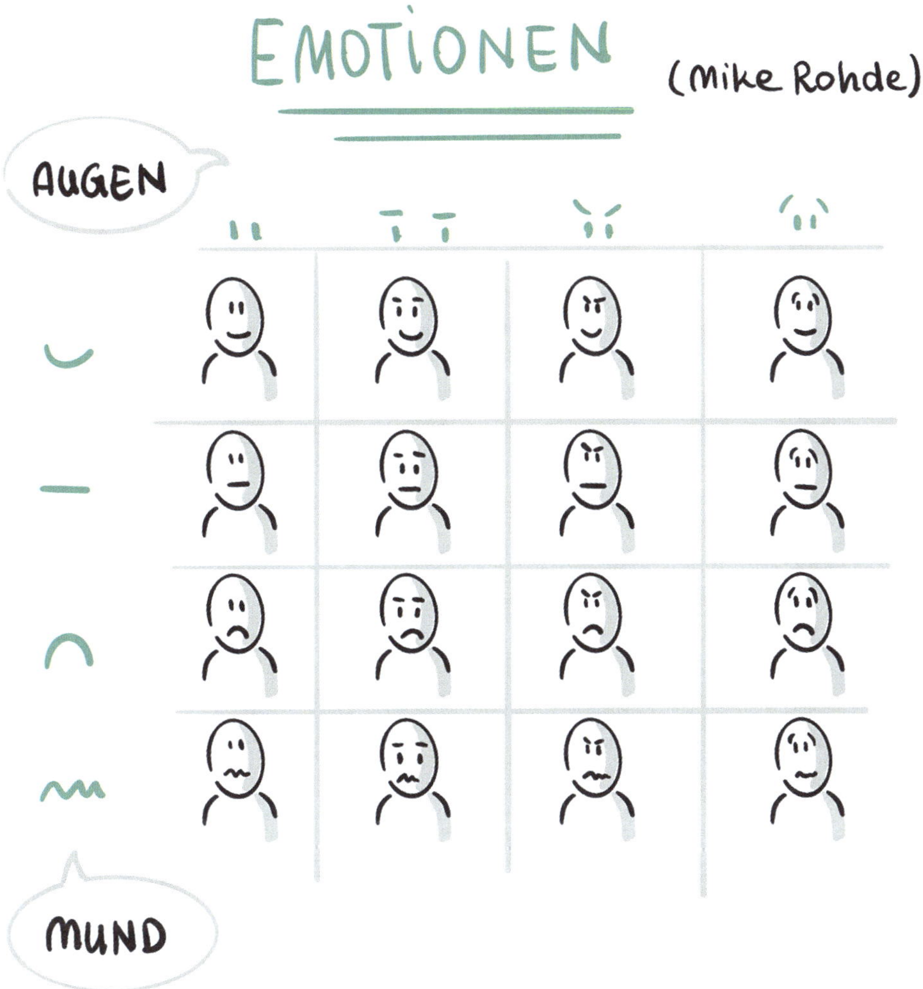
EMOTIONEN
(Mike Rohde)
AUGEN
MUND

FIGUREN IN BEWEGUNG

Deine Figuren sollen sich aber auch bewegen können. Achte darauf, dass Strichfiguren ja auch Ellbogen oder Knie haben. Auch kannst du die Arme und Beine leicht gebogen zeichnen. Das ist manchmal einfacher und haucht deinen Figuren Leben ein.

Selbst wenn deine Figur fest auf dem Boden steht, kannst du sehr viele Bewegungen nur mit den Armen zeichnen. Hier habe ich einige Beispiele für dich, die du üben kannst.

Und hier siehst du noch Figuren in allen möglichen beweglichen Situationen:

FRISUREN UND KOPFBEDECKUNGEN

Wenn du einer Figur eine Frisur verpassen möchtest oder eine Kopfbedeckung benötigst, möchte ich dir hier noch einen tollen Tipp geben. Du hast ja bereits gelernt, wie man einfache Figuren zeichnet. Indem du nämlich einen Kreis machst oder ein Ei zeichnest. Wenn du darauf jetzt zum Beispiel einen Lockenkopf setzt, dann wirst du vielleicht merken: Das sieht ein wenig merkwürdig aus. Ein bisschen so, als hätte die Person eine Stirnglatze, findest du nicht?

Wenn du nun anstatt eines kompletten Kreises ein U zeichnest, dann sieht das gleich viel besser aus:

Wie du da genau vorgehen kannst, zeige ich dir in diesem Beispiel.

- Du zeichnest ein »U«.
- Du zeichnest die »Haarlinie«.
- Du zeichnest die »Frisur«.
- Dann kommen das Gesicht und der Schatten.

Probiere es unbedingt mit mehreren Frisuren und auch Kopfbedeckungen aus. Hier zeige ich dir noch ein paar Beispiele.

Nun hast du sehr viel über Figuren und Strichfiguren gelernt. In Kapitel 10 »Alles für die Schule« zeige ich dir noch, wie du Figuren auch für deine Notizen und Mitschriften einsetzen kannst.

7 PFEILE, LINIEN UND TRENNER

Sketchnotes beinhalten nicht nur das Zeichnen von Symbolen, Figuren und Containern. In diesem Ansatz spielen auch weitere zeichnerische Elemente eine entscheidende Rolle: Bullet Points, Pfeile sowie Linien und Trenner.

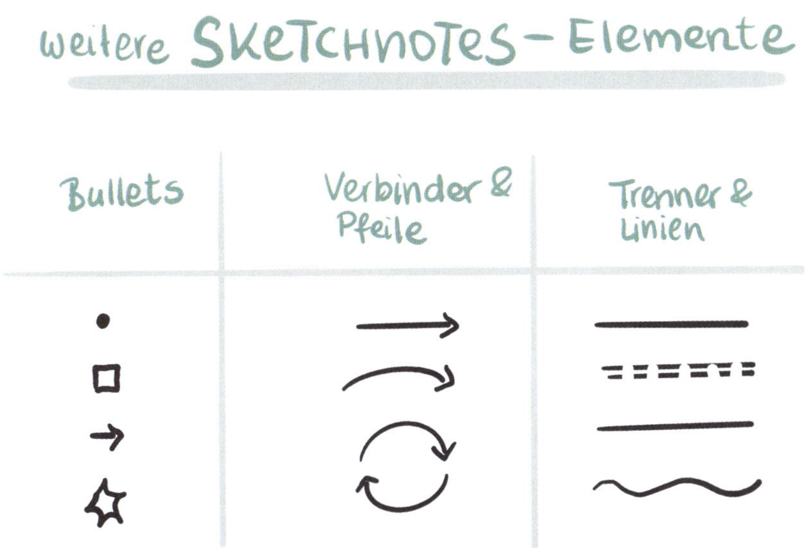

Diese vielfältigen Elemente dienen dazu, deine Aufzeichnungen zu strukturieren, und sind auch besonders nützlich für Themen wie Bullet Journaling und das Erstellen von Listen. So entsteht eine ansprechende und organisierte visuelle Darstellung deiner Gedanken und Ideen.

BULLETS / BULLET POINTS

Bullet Points sind kurze, aufzählende Zeichen, die Informationen in einer Liste übersichtlich darstellen. Sie werden durch runde Punkte dargestellt. Du kannst aber auch ganz bestimmte Symbole nutzen und mit den sogenannten Keycodes arbeiten. Mehr darüber erfährst du in Kapitel 10 »Alles für die Schule«.

PFEILE UND VERBINDER

Pfeile sind in Sketchnotes sehr nützlich und mega cool. Sie zeigen sozusagen, wie Dinge zusammenhängen oder ablaufen. Sie lenken den Blick und machen alles schön ordentlich und verständlich. Mit Pfeilen kannst du zeigen, was zuerst passiert. Du kannst zeigen, wie Sachen miteinander zu tun haben oder wohin es geht. Sie machen deine Notizen spannender und einfacher zu verstehen. Also, Pfeile sind so etwas wie die Regisseure deiner Notizen – sie führen den Weg!

Stell dir vor, du zeichnest eine Katze auf deine Seite. Weißt du, was Pfeile hier bewirken können? Sie können auf die wichtigen Teile hinweisen – die Ohren, den Schwanz oder die Augen. Pfeile helfen dabei, die Aufmerksamkeit auf die besonderen Details zu lenken. Dort schreibst du einfach den Text dazu.

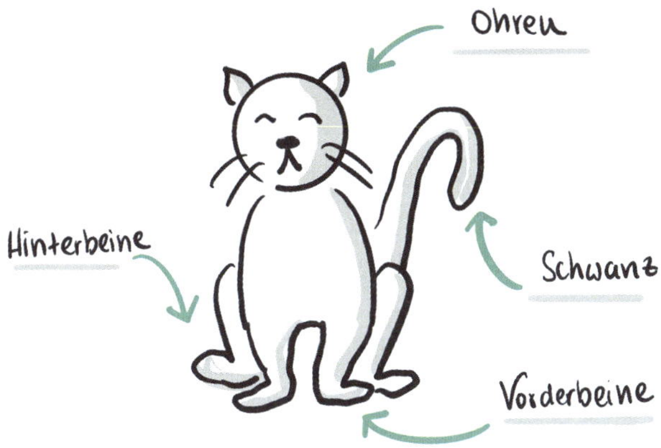

Pfeile können aber natürlich auch einen Prozess abbilden. Zum Beispiel bei einer Abfolge von bestimmten Schritten.

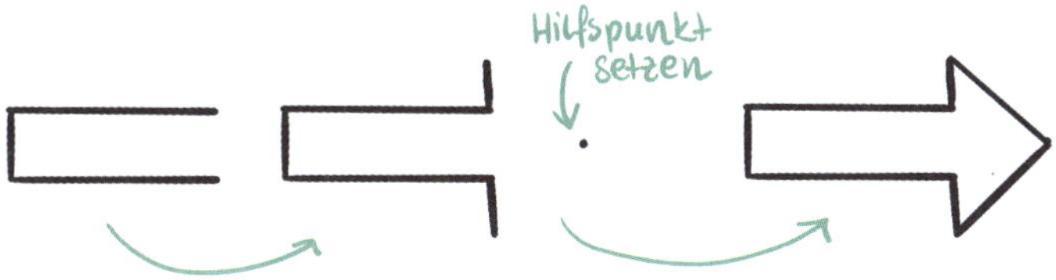

Pfeile können dir helfen, Zusammenhänge besser zu verstehen. Wenn du Mathe lernst und verschiedene Rechenschritte aufschreibst, könnten Pfeile den Weg von einem Schritt zum nächsten zeigen. Das macht es viel einfacher, alles zu begreifen!

Pfeile zeigen dir den Weg, verknüpfen Ideen und machen deine Sketchnotes noch spannender – besonders wenn es ums Lernen geht! Probiere es aus, indem du Pfeile in deine Sketchnotes einbaust, und erlebe, wie deine Ideen lebendig werden und dir beim Lernen helfen!

Hier findest du viele verschiedene Pfeile, verwende einfach die, die dir am besten gefallen!

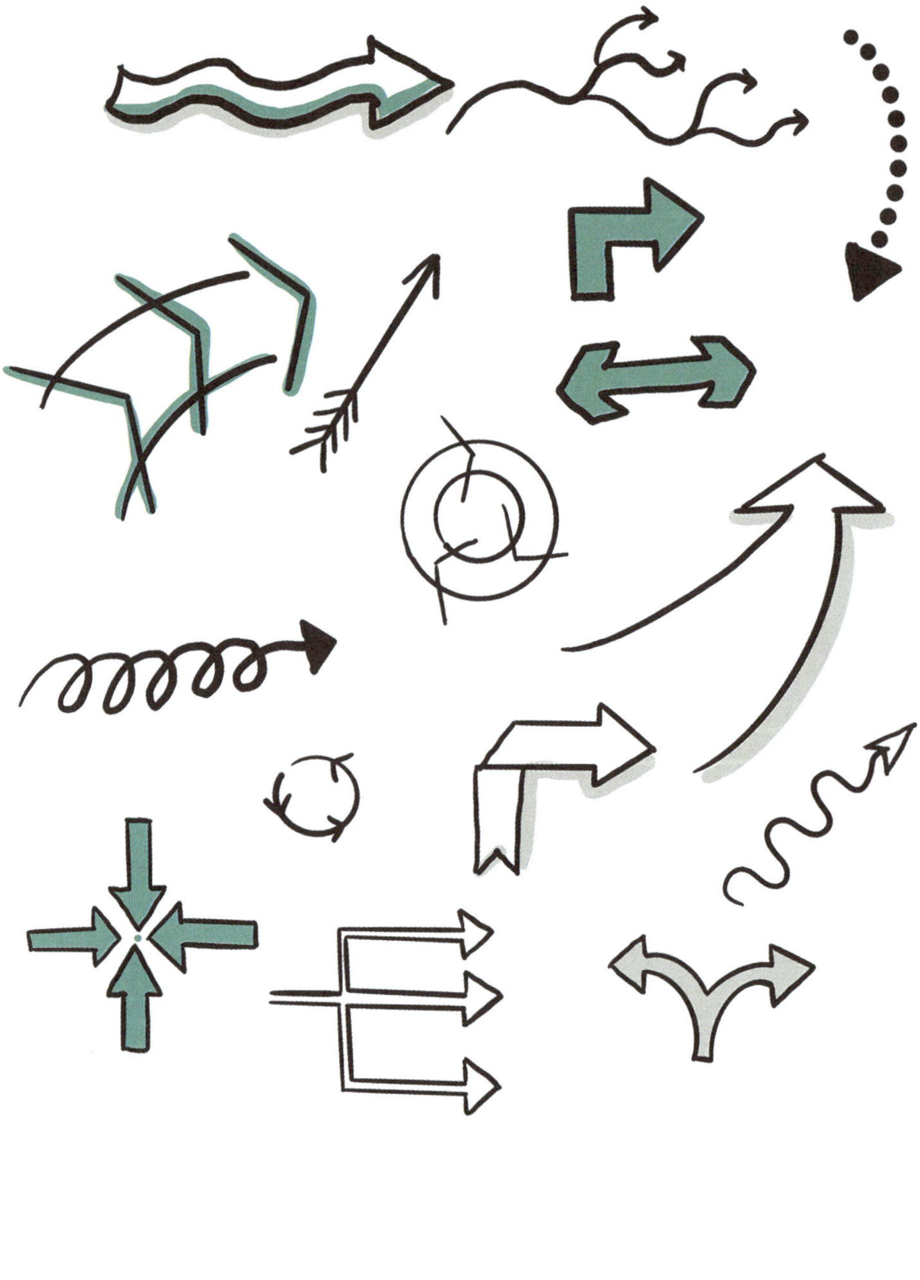

LINIEN UND TRENNER

Linien und Trenner in Sketchnotes sind wie unsichtbare Gerüste, die deine Notizen ordnen und strukturieren. Sie können Rahmen für deine Zeichnungen schaffen, Texte abgrenzen oder Abschnitte voneinander trennen. Linien helfen, einen klaren Fluss in deinen Sketchnotes zu gestalten, und machen sie insgesamt leserlicher und ansprechender.

Egal, ob du gerade einen Gedanken festhältst oder eine kreative Idee skizzierst, Linien verleihen deinen Notizen Stabilität und einen klaren visuellen Rahmen. Dies lässt sich leicht mit dem Fahren eines Autos vergleichen: Über eine gestrichelte Linie darf man hinweggehen, über eine durchgezogene Linie ist es verboten und eine doppelte Linie signalisiert eine besonders klare Abgrenzung.

Darüber hinaus kannst du Linien und Trenner als dekorative Gestaltungselemente nutzen. Insbesondere im Bullet Journaling wirken sie oft hübsch und ansprechend und ermöglichen es gleichzeitig, klare Abgrenzungen zu setzen. Dies schafft nicht nur Ordnung, sondern verleiht deinen Aufzeichnungen auch eine visuelle Struktur. Hier sind einige Beispiele verschiedener Trenner, die du gerne ausprobieren kannst:

Linien & Trenner

Die kreative Anwendung von Pfeilen, Linien, Trennern und Bullets wird dir helfen, deine Gedanken klarer zu organisieren und deinen Notizen eine individuelle Note zu verleihen.

8 SCHRIFT

Vielleicht denkst du, Sketchnotes sind nur Zeichnungen, die dir dabei helfen, Informationen besser zu verstehen und zu merken. Aber auch die Schrift ist ein wesentlicher Bestandteil bei Sketchnotes. Das ergibt sich ja schon aus den Wörtern SKETCH (zeichnen) und NOTES (Notizen).

Es gibt viele Möglichkeiten, wie du Schrift in deinen Sketchnotes oder auch im Bullet Journal anwenden kannst.

- Schrift als ganze Sätze
- Schrift als Beschreibung für deine Zeichnung
- Schrift, um Unterschiede darzustellen (sehr wichtig, weniger wichtig ...)
- Schrift als Gestaltungselement

SCHRIFT ALS GANZER TEXT

Wenn du Sketchnotes erstellst, empfehle ich dir grundsätzlich, ganze Sätze nicht komplett über die ganze Seite in einer langen Zeile zu schreiben, sondern in Päckchen. Das hat mehrere Vorteile: Erstens ist es einfacher, von Aussage zu Aussage oder Satz zu Satz zu springen. Zweitens hast du dann noch Platz, Zeichnungen oder weitere Elemente (auch Schrift) hinzuzufügen.

Das hier ist ein langer Satz.

Das hier ist
ein langer
Satz.

← in Päckchen
schreiben

BESCHRIFTUNG

Kennst du die Wimmelbücher? Ganz bestimmt, oder? Das sind tolle Bilderbücher, die völlig ohne Text auskommen. Ich habe die sehr gerne mit meinen Kindern angesehen, als sie noch klein waren. Und wir haben uns darüber unterhalten, was denn da so alles passiert.

Da war zum Beispiel ein Mann, der lief die Straße entlang. Da kann ich jetzt sagen: »Ach, schau mal: Der geht joggen!« Mein Kind kann allerdings sagen: »Stimmt gar nicht: Der hat was geklaut und rennt vor etwas weg.« Das heißt, eine reine Zeichnung ist natürlich total interpretierbar. Jeder kann sich überlegen, was da in dieser Geschichte passiert.

Wenn du allerdings Text dazu verwendest, dann ist das natürlich was anderes. Du nutzt also die Schrift, um zu definieren, was du mit der Zeichnung meinst, und stellst klar, was hier wirklich passiert.

HANDSCHRIFT

Wenn du eine Glühbirne zeichnest, ist es erst mal eine Glühbirne, oder? Wenn du aber damit den Begriff »Idee« zeichnen möchtest, dann schreibst du einfach das Wort »Idee« dazu. Willst du mit der Glühbirne ein anderes Thema darstellen wie zum Beispiel »Energie«, dann schreibst du einfach »Energie« daneben.

Das ist auch dann hilfreich, wenn eine Zeichnung nicht so gut gelingt. Sobald du sie mit der Schrift »benannt« hast, weiß jeder, was damit gemeint ist.

ÜBERSCHRIFTEN

Wenn du nun deine Handschrift nutzt, kannst du auch durch wenige Veränderungen den Schrifttyp ändern und erzeugst andere »Schriftarten«. Schriftarten sind besondere Arten, wie Buchstaben aussehen können.

Das kannst du zum Beispiel in der Schule tun, um deine Präsentationen oder Notizen interessanter zu gestalten. Nutze Schriften in Plakaten, um eine visuelle Hierarchie darzustellen. Das gelingt mit ein paar Variationen mit der eigenen Handschrift.

Ich zeige dir das hier mit ein paar Beispielen.

Du schreibst das Wort »Handschrift« in Großbuchstaben auf.

Jetzt ziehst du die Buchstaben noch einmal nach und schon hast du es automatisch dicker geschrieben.

Das heißt, du kannst in Nullkommanichts bestimmte Worte hervorheben.

Schreibe noch einmal das Wort HANDSCHRIFT. Jetzt setzt du einfach links eines jeden Buchstabens eine zweite Linie dazu. Das muss nicht akkurat und perfekt sein. Und schon hast du einen anderen Schrifttyp.

Oder du versucht es mal mit diesen kleinen Serifen. Das sind kleine Verzierungen, die so aussehen, als würden die Buchstaben Hüte oder Schuhe tragen, und sie machen die Buchstaben noch ein wenig schicker.

HANDSCHRIFT

Ich habe noch eine weitere schöne Idee. Schau mal. Die Buchstaben haben ja auch immer eine Mittellinie. Das betrifft jetzt nicht jeden Buchstaben, aber sehr viele.

Wenn du nun konsequent die Mittellinie nach oben ziehst, dann sieht das so aus.

Und wenn du sie nach unten ziehst, dann so:

Versuche doch mal, deine Buchstaben zu zeichnen. Am einfachsten ist es, wenn du dir hier mit Bleistift die Buchstaben einmal vorzeichnest.

Jetzt umrandest du diese Buchstaben mit einem schwarzen Stift.

Dann radierst du den Bleistift einfach wieder weg.

SCHRIFT ALS GESTALTUNGSELEMENT

Stell dir vor, du schreibst über einen lustigen Tag im Park. Du könntest die Buchstaben wie Baumstämme aussehen lassen. Das macht deine Notizen richtig lebendig und passt perfekt zur Stimmung deiner Geschichte.

Aber das ist noch nicht alles! Manche Schriftarten sind dünn und elegant, andere fett und mutig. Wenn du zum Beispiel über eine aufregende Abenteuergeschichte schreibst, könntest du fette Buchstaben verwenden, um die Spannung zu zeigen. So, wie ich es dir eben erklärt habe.

Die Schriftart, die du wählst, kann wie ein Kostüm für deine Worte sein. Sie zeigt, wie sich die Worte fühlen, und passt zur Geschichte, die du erzählst. Du kannst herumprobieren und die Schriftarten finden, die zu dir passen.

Hier habe ich noch ein paar Beispiele für dich!

Also, schnapp dir deinen Stift und lass die Buchstaben tanzen! Experimentiere mit verschiedenen Schriftarten, um deine Sketchnotes so einzigartig und aufregend zu machen wie deine Fantasie. Viel Spaß beim Schreiben und Gestalten.

In Kapitel 10 »Alles für die Schule« zeige ich dir noch, wie du Schriften nutzen kannst, damit sie dir beim Lernen helfen.

Und hier habe ich noch ein paar Alphabete für dich zum Ausprobieren.

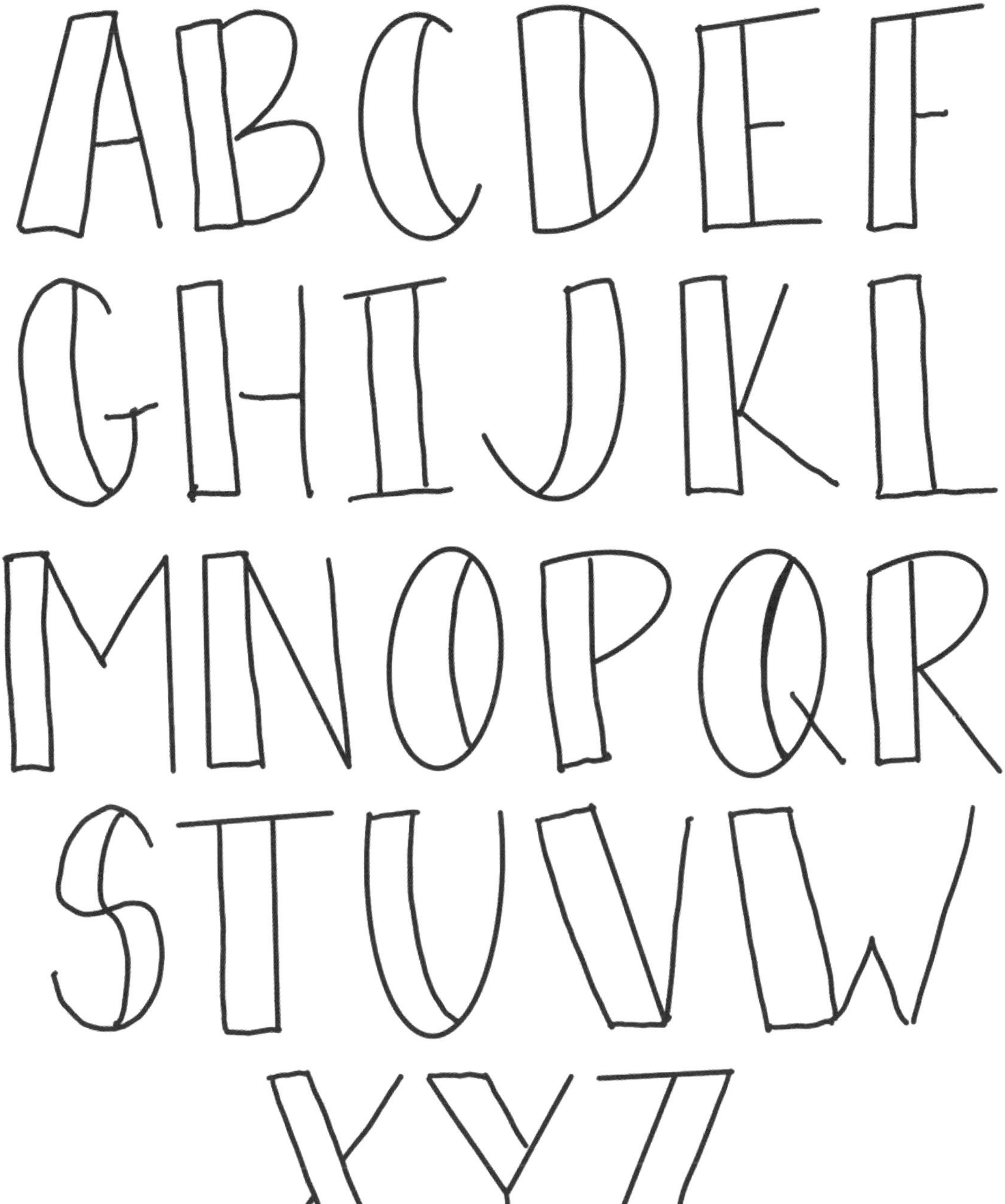

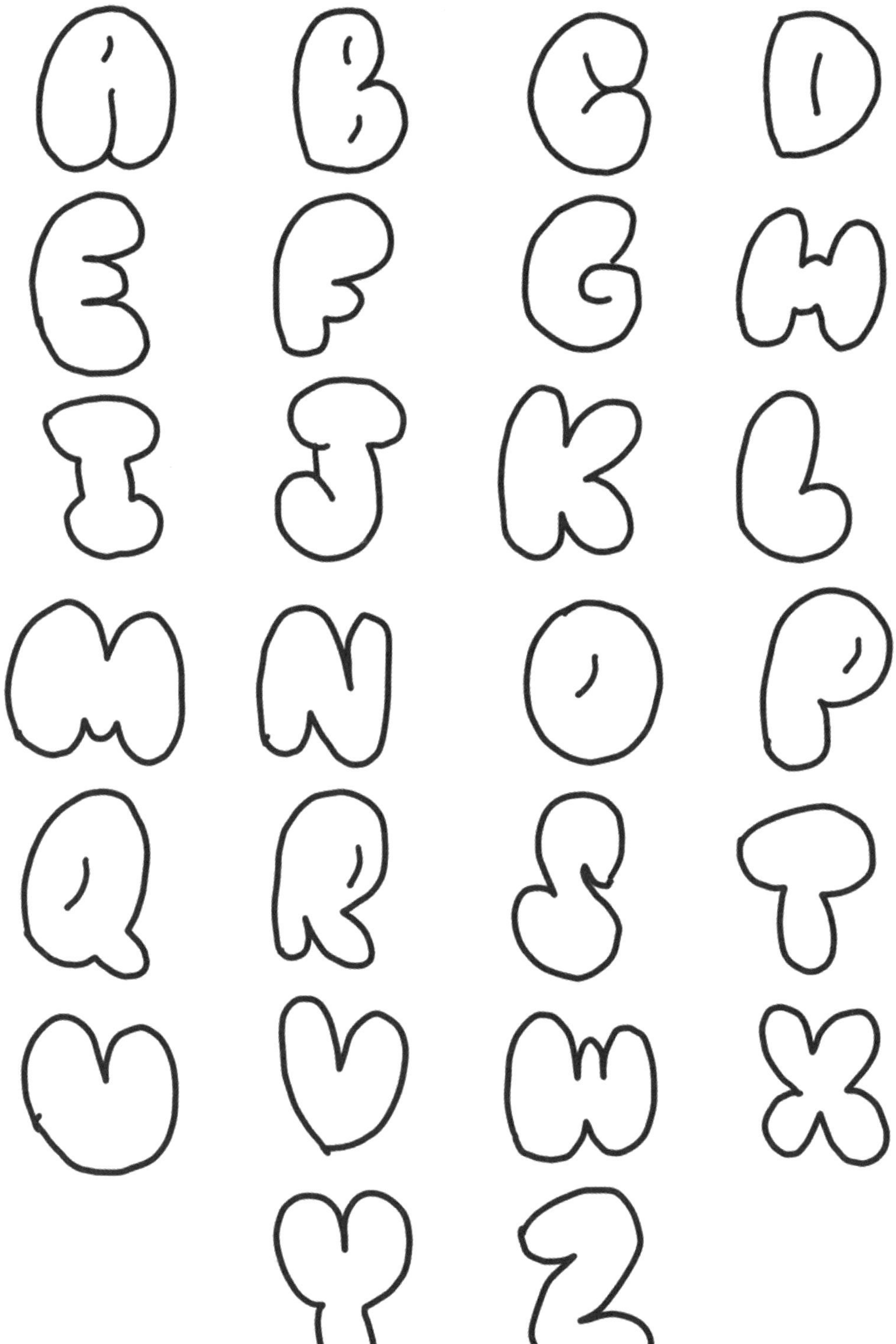

A B C D E

F G H I J K L

M N O P Q R S

T U V W X Y Z

a b c d e f g h i j

k l m n o p q r s

t u v w x y z

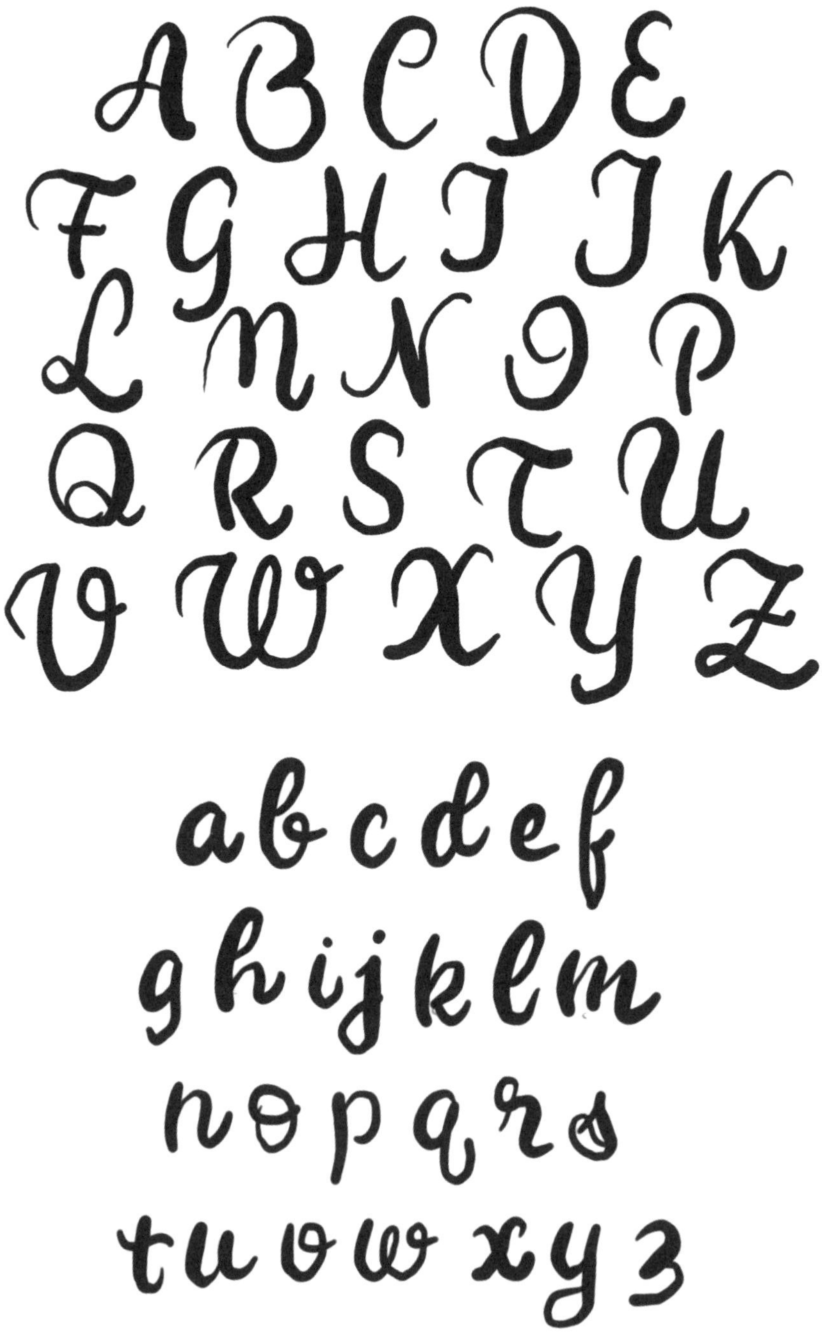
A B C D E
F G H I J K
L M N O P
Q R S T U
V W X Y Z
a b c d e f
g h i j k l m
n o p q r s
t u v w x y z

9 ALLES FÜR ZU HAUSE

In diesem Kapitel geht es um alle Themen, für die du Sketchnotes zu Hause und im Alltag anwenden kannst.

Denk mal an deine Lieblingsmomente: das Lachen mit Freunden, das köstliche Eis oder der witzige Moment mit deinem Haustier. Jetzt stell dir vor, du könntest diese Erlebnisse mit Bildern und lustigen Notizen einfangen, um sie für immer festzuhalten.

STELLE DICH VOR MIT EINEM SKETCHNOTE-SELFIE

Dich selbst mit Sketchnotes vorzustellen, kann eine kreative und unterhaltsame Möglichkeit sein, deine Persönlichkeit und Interessen zu präsentieren. Hier ist eine Idee, wie du ein »Sketchnote-Selfie« erstellen kannst.

SELBSTPORTRÄT ZEICHNEN

Beginne damit, ein einfaches Selbstporträt von dir selbst zu zeichnen. Es muss nicht perfekt sein, aber es sollte erkennbar sein, dass es dich darstellt. Du kannst dich in einem bestimmten Stil darstellen, der deine Persönlichkeit widerspiegelt. Schau gerne noch in Kapitel 6 »Figuren« nach.

Du kannst dich einfach in die Mitte des Blattes setzen. Schreibe deinen Namen drunter, ziehe einen Container um deinen Namen und dann kannst du noch einen kompletten Rahmen drum herum zeichnen.

Nutze zum Beispiel eine Ecke in deinem Selbstporträt, um deine Hobbys und Interessen darzustellen. Zeichne eine Überschrift und setze sie danach in einen Container. Zeichne Symbole, Bilder oder Wörter, die repräsentieren, was du gerne tust. Das könnten Musiknoten für Musikliebhaber, Fußbälle für Sportfans oder Pinsel und Farben für Kunstbegeisterte sein. Das kannst du zum Beispiel in die linke Ecke platzieren.

Überlege, welche persönlichen Informationen du teilen möchtest, um dich vorzustellen. Das könnten dein Alter, deine Schule oder dein Wohnort sein. Zeichne diese Informationen in deinem Selbstporträt ein. Zum Beispiel links unten.

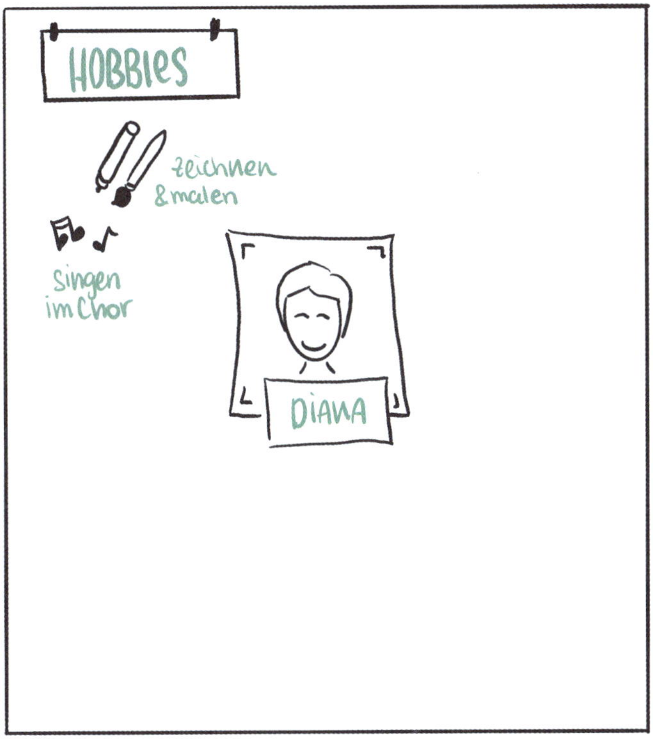
HOBBIES
zeichnen
& malen
singen
im Chor
DIANA

HOBBIES
zeichnen
& malen
singen
im Chor
DIANA
WOHNORT
Bremen

Vielleicht möchtest du noch deine liebsten Freunde oder dein Lieblingsessen darstellen. Du kannst dir für jeden Bereich einen Platz auf deinem Blatt reservieren.

Oder du überlegst dir einen schönen Spruch, der zu dir passt.

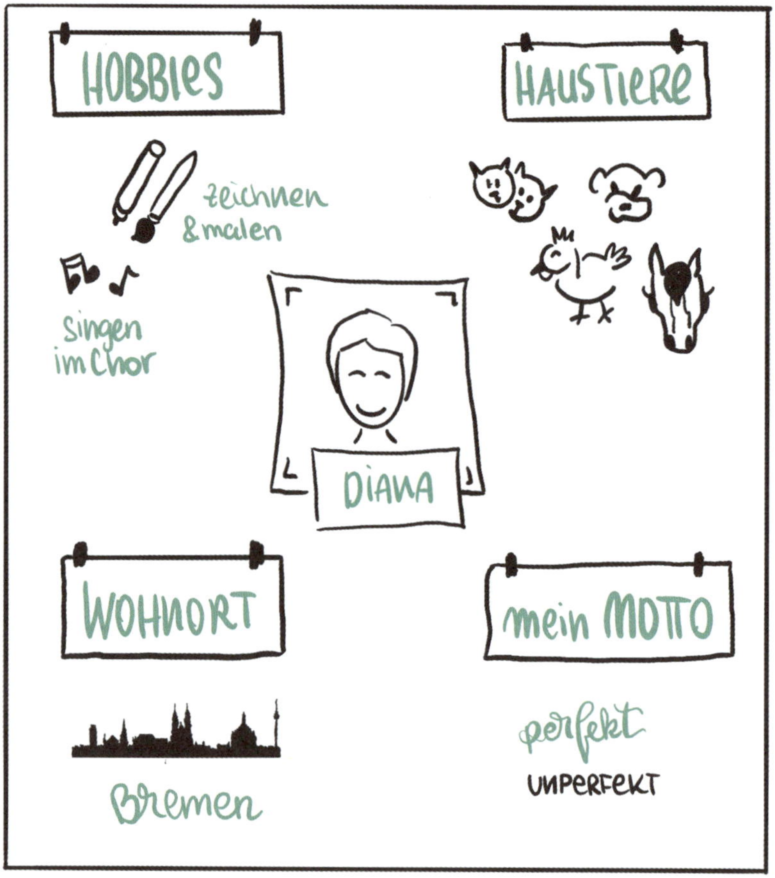

Wenn du dann fertig bist, kannst du Rahmen und Container ziehen, um die Themen voneinander abzugrenzen. Das können Sprechblasen, Wolken oder auch ganz einfache Container sein.

Am Ende kannst du das Bild noch ausmalen oder einfach kleine Akzente und Schatten setzen.

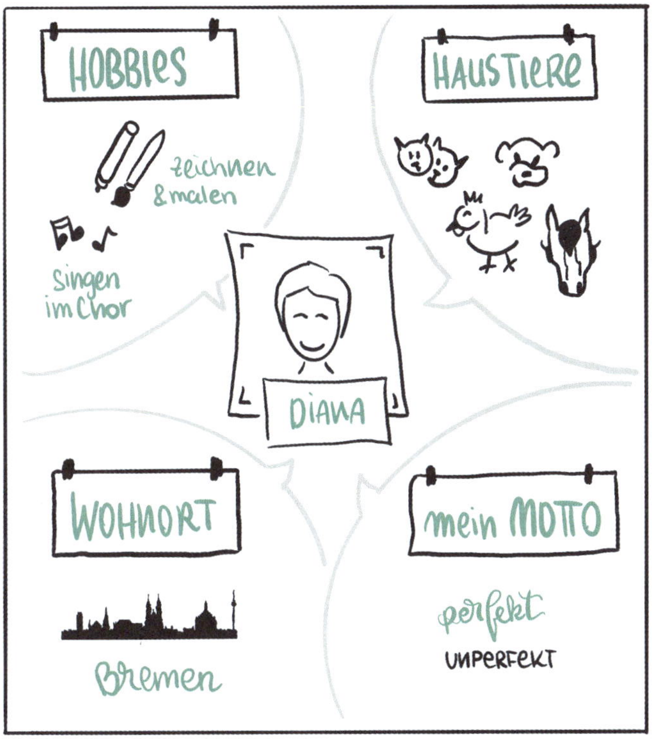
HOBBIES
zeichnen & malen
singen im Chor
HAUSTIERE
DIANA
WOHNORT
Bremen
mein MOTTO
perfekt
UNPERFEKT

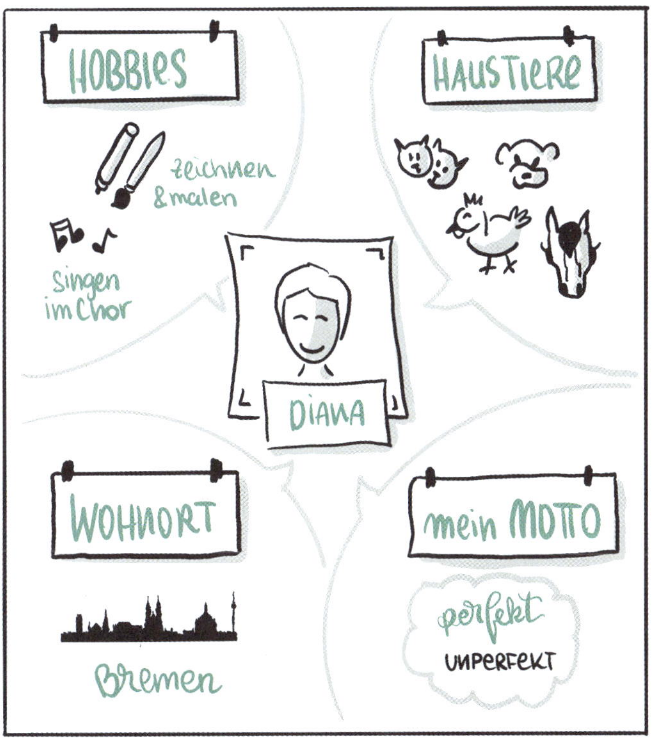
HOBBIES
zeichnen & malen
singen im Chor
HAUSTIERE
DIANA
WOHNORT
Bremen
mein MOTTO
perfekt
UNPERFEKT

Das Sketchnote-Selfie ist eine großartige Möglichkeit, dich kreativ auszudrücken und anderen einen Einblick in deine Persönlichkeit zu geben. Es sollte Spaß machen und deine Individualität widerspiegeln. Vielleicht möchtest du mal ein Sketchnote-Selfie über Freunde oder dein Haustier machen. Das in jedem Fall auch eine schöne Geschenkidee!

GLÜCKWUNSCHKARTE ZEICHNEN MIT SKETCHNOTES

Das Erstellen einer Glückwunschkarte mit Sketchnotes ist eine tolle Möglichkeit, eine besondere Nachricht zu übermitteln.

Überlege dir, zu welchem Anlass du die Glückwunschkarte gestalten möchtest. Das kann ein Geburtstag, ein Jubiläum, der Muttertag oder ein anderer besonderer Tag sein.

Schritt 1: Planung: Überlege dir zunächst, welche Elemente du in deine Karte einbeziehen möchtest. Welchen Text möchtest du verwenden, was ist der Anlass und welches Bild könnte dazu passen? Das könnten Blumen, Herzen, eine Nachricht oder persönliche Erinnerungen sein.

Schritt 2: Skizze: Verwende den Bleistift, um deine grobe Skizze auf das Papier zu zeichnen. Du kannst leichter korrigieren, falls du Fehler machst. Denke daran, den Platz für den Text vorzusehen.

Schritt 3: Konturen: Verwende den schwarzen Fineliner, um die Konturen deiner Skizze zu verstärken. Dadurch wird deine Zeichnung klarer und präziser.

Schritt 4: Farbe hinzufügen: Koloriere deine Zeichnung mit Buntstiften oder Marker. Du kannst verschiedene Farben verwenden, um deine Karte bunter und lebendiger zu gestalten.

Schritt 5: Text hinzufügen: Füge im Inneren deiner Karte eine herzliche Botschaft hinzu. Du kannst sie in schöner Handschrift schreiben oder sogar kreative Schriftarten verwenden.

Schritt 7: Dekorieren: Füge weitere Elemente hinzu, wie zum Beispiel kleine Blumen oder Muster, um deine Karte noch ansprechender zu gestalten.

GEBURTSTAGSKARTE ZEICHNEN

Das Erstellen einer Geburtstagskarte mit Sketchnotes ist eine kreative und persönliche Möglichkeit, jemandem zum Geburtstag zu gratulieren.

Am besten beginnst du mit der Schrift. Überlege dir zunächst, welchen Text du verwenden möchtest. Dann kannst du bei den verschiedenen Wörtern mit der Schrift spielen. Schau dir unbedingt dazu Kapitel 8 »Schriften« an. Vielleicht findest du da noch mehr Inspirationen. Hier sind einige Vorschläge.

Dann überlegst du dir ein Motiv, das gut passen könnte. Das kann ein Geburtstagskuchen, ein Luftballon oder Kerzen sein.

Danach kombinierst du Schrift und Bild. Am Ende kannst du auch noch einen Rahmen um dein Werk ziehen. Schau dir dazu gerne noch einmal Kapitel 4 »Rahmen und Container« an.

HAPPY
Birthday

ALLES GUTE ZUM
Geburtstag

Happy
Birthday

MUTTERTAGSKARTE ZEICHNEN

Sketchnotes sind eine kreative Möglichkeit, eine persönliche Muttertagskarte zu gestalten. Auch hier überlegst du dir erst, welchen Text du nutzen möchtest. Ich habe hier ein paar Vorschläge für dich.

Für den Muttertag eignet sich auf jeden Fall jede Art von Blumen und Herzen.

Und auch hier kannst du wieder aus der Schrift und den Bildern eigene Kombinationen machen, so wie du es in diesem Beispiel siehst.

Am besten du schreibst immer erst den Text. Es ist nämlich viel einfacher, Zeichnungen an einen Text anzupassen als umgekehrt. Wenn du dich mit dem Zeichnen noch unsicher fühlst, dann zeichne einfach mit dem Bleistift vor. Das muss nicht detailliert sein, du kannst einfach ganz grob einzeichnen, wie viel Platz du brauchst.

Denke daran, dass das Wichtigste an dieser Karte deine persönliche Note und Liebe ist. Deine Mama wird sicherlich die Mühe und Kreativität, die du in die Gestaltung gesteckt hast, zu schätzen wissen. Viel Spaß beim Gestalten!

WEIHNACHTSKARTE ZEICHNEN

Auch hier gehst du genauso vor wie bei den anderen Karten. Du brauchst Text und ein oder mehrere Bilder. Hier sind ein paar Vorschläge, die du beliebig kombinieren kannst.

Überlege dir den Text und nutze verschiedene Schrifttypen.

Suche dir hier einfach ein paar weihnachtliche Symbole aus.

Kombiniere sie beliebig und erstelle eine schöne Weihnachtskarte.

SKETCHREZEPTE ZEICHNEN

Willkommen in der aufregenden Welt des Zeichnens von Rezepten mit Sketchnotes – das ist wie Kochen mit Farben und Stiften! Stell dir vor, du könntest deine Lieblingsrezepte nicht nur aufschreiben, sondern auch bunt und lustig gestalten, sodass es aussieht, als würden die Zutaten und Schritte direkt von deinem Papier zu dir sprechen.

Ein Sketchrezept zu zeichnen, macht nicht nur viel Spaß, sondern es ist auch die perfekte Übung, um Sketchnotes zu lernen. Warum?

Ein Sketchrezept enthält Informationen (die Zutatenliste) und sie enthält einen Prozess (Anleitung).

Wenn du ein Sketchrezept sinnvoll aufbaust, kannst du diese Grundstruktur immer wieder verwenden. Du musst auch nicht alles zeichnen. Denke dran: Eine Sketchnote ist kein Wimmelbild, sondern besteht immer aus Wort und Schrift.

Schau mal hier: So könnte dein Sketchrezept aufgebaut sein:

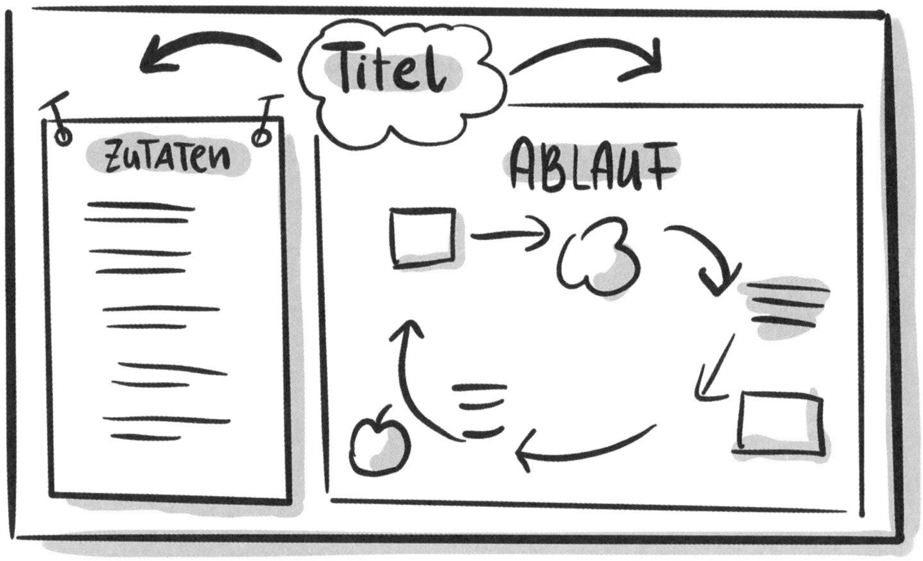

Am besten du nimmst dein Blatt quer. Und dann beginnst du erst mit der Zutatenliste. Die kannst du jetzt erst einfach mal runterschreiben. Danach kannst du einen Rahmen drum herum ziehen. Weißt du noch? Immer erst schreiben und dann erst den Rahmen drum rum.

Danach kannst du einfach die ein oder andere kleine Zeichnung hinzufügen. Du musst nicht alles zeichnen. Denn mit dem Text hast du ja bereits definiert, was du brauchst.

Jetzt kannst du rechts beginnen, den Prozess zu zeichnen. Nutze Zahlen oder Pfeile für Schrittfolgen. Am Ende kannst du Schatten setzen oder das Bild einfach ausmalen.

Und so sieht jetzt dein fertiges Sketchrezept aus:

Das Beste daran ist, dass Sketchrezepte nicht nur toll aussehen, sondern auch helfen können, Dinge besser zu verstehen. Wenn du also mal ein Rezept liest und nicht sicher bist, was gemeint ist, kannst du einfach deine Bilder anschauen und schon wird alles klar!

Und wenn du deine fertigen Sketchrezepte mit anderen teilst, wirst du sicher viele Lächeln und Daumen-hoch bekommen. Denn jeder liebt es, leckere Rezepte in einer so spaßigen Art und Weise zu sehen.

GEBURTSTAG PLANEN MIT SKETCHNOTES

Du möchtest deinen Geburtstag feiern? Da gibt es viele Möglichkeiten, wie du mit Sketchnotes und der Bullet-Journal-Methode arbeiten kannst.

DIE GEBURTSTAGSSEITE GESTALTEN

Öffne dein Bullet Journal und widme eine Seite deinem Geburtstag. Schreibe das Datum, dein Alter (wenn du magst) und vielleicht ein kleines Motto oder einen Wunsch für das kommende Jahr. Suche dir hier gerne auch Symbole beim Glückwunschkarten-Zeichnen aus.

IDEENSAMMLUNG

Was möchtest du an deinem Geburtstag alles machen? Vielleicht möchtest du eine bestimmte Anzahl von Gästen einladen, eine spezielle Kuchensorte backen oder ein besonderes Outfit tragen. Schreibe diese Ideen auf deine Geburtstagsseite, um sie im Blick zu behalten. Das ist wie ein kleines Brainstorming! Schreibe es auf, setze eine kleine Zeichnung dazu. Dann kannst du rundherum dazuschreiben, was dir so einfällt. Vielleicht magst du dich dann am Ende mit deinen Eltern abstimmen, was davon machbar ist.

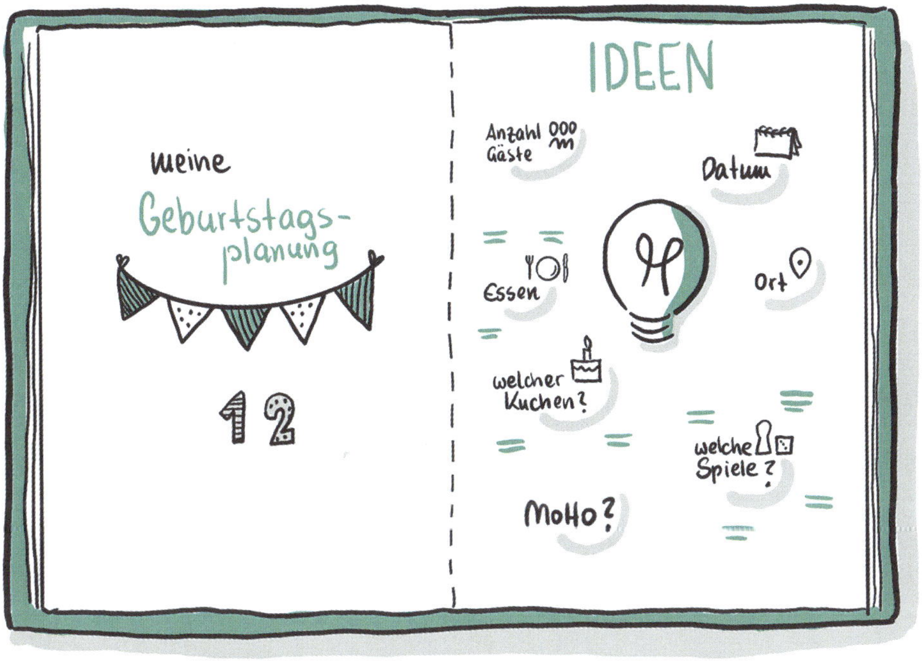

PARTY-PLANUNG

Wenn du dich dann entschieden hast, kann es losgehen mit der Party-Planung. Verwende deine Bullet-Journal-Seiten, um den Ablauf deiner Party zu organisieren. Erstelle eine Liste der Gäste, die du einladen möchtest, und halte fest, wer zugesagt hat.

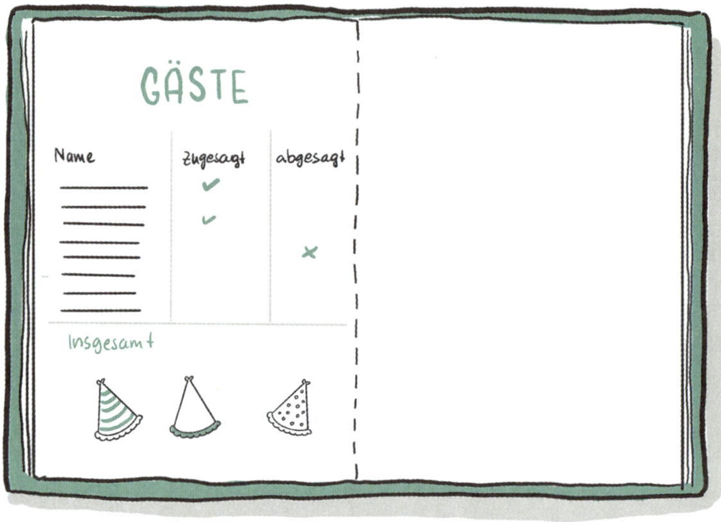

Plane die Aktivitäten, Spiele oder Unterhaltung für die Party. Denke auch an die Dekoration und das Essen – was möchtest du servieren? Du kannst für deine Checkliste Container verwenden und sie ausfüllen. Das gibt deiner Planung eine schöne Struktur und du weißt sofort, was zu tun ist.

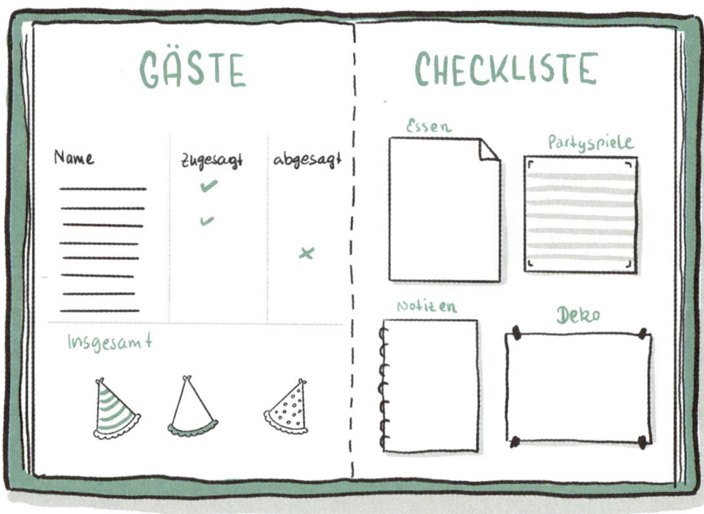

EINLADUNG ZEICHNEN MIT SKETCHNOTES

Los geht's mit deiner Sketchnotes-Geburtstagseinladung!

Setze eine große Überschrift, zum Beispiel »Einladung«. Suche dir ein schönes passendes Sketchnote-Symbol aus. Und dann setzt du einfach die wichtigsten Informationen ein. Du hast ja bereits alles geplant. Füge einige zusätzliche Zeichnungen hinzu.

Mach dir keine Sorgen, wenn du nicht der beste Künstler bist – Sketchnotes sind für Kreativität und Spaß gemacht. Deine Freunde werden die Mühe und deine persönliche Note lieben.

GESCHENKWUNSCHLISTE

Lege eine Seite für Geschenkwünsche an. Hier kannst du aufschreiben, was du dir wünschst, um es später leicht mit Freunden und Familie teilen zu können. Du kannst schöne Container zeichnen und deine Wünsche reinschreiben. Die kannst du natürlich auch für Weihnachten zeichnen. Dann ersetzt du das Symbol rechts oben einfach mit einer weihnachtlichen Zeichnung.

Du kannst außerdem eine weitere Seite anlegen und aufschreiben, was du bekommen hast. Dann kannst du dich hinterher bedanken.

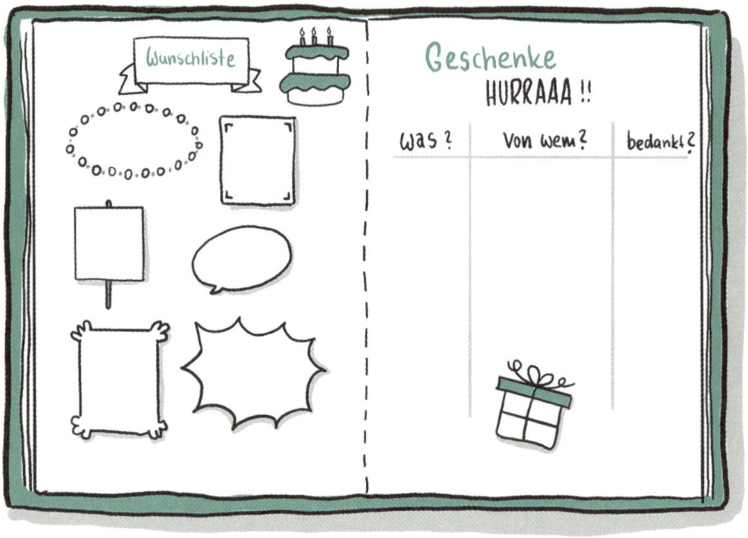

WAS DU SONST NOCH TUN KANNST

Nutze dein Bullet Journal, um **Erinnerungen** an deinen Geburtstag festzuhalten. Klebe Fotos, Eintrittskarten oder kleine Notizen ein, um diese besonderen Momente einzufangen. Schreibe auch auf, was dir am besten gefallen hat, um diese schönen Erinnerungen für die Zukunft aufzubewahren. Mehr dazu erfährst du im nächsten Abschnitt.

Nimm dir nach deinem Geburtstag Zeit, um auf deine Bullet-Journal-Seite zurückzublicken. Schreibe auf, **wofür du dankbar** bist und was du aus diesem besonderen Tag gelernt hast. Dies wird eine wundervolle Erinnerung an einen weiteren tollen Geburtstag sein. Wie das geht, kannst du dir ebenfalls im nächsten Abschnitt anschauen.

Mit der Bullet-Journal-Methode kannst du deinen Geburtstag perfekt planen und in Erinnerung behalten. Jede Seite wird zu einem kleinen Schatz voller Ideen, Ziele und unvergesslicher Momente. Feiere dich selbst und genieße jeden Moment – Happy Birthday!

ERINNERUNGEN FESTHALTEN

Es hat viele Vorteile, deine Erinnerungen mit Sketchnotes. Du kannst deine kreative Seite ausleben und deine Gedanken und Gefühle ausdrücken. Du kannst deine Erinnerungen besser bewahren. Und es fördert auch den Stressabbau. Du kannst auch über deine Gefühle, Gedanken und Erfahrungen nachdenken. Du kannst auch deine Ziele festhalten und deinen Fortschritt verfolgen.

DAS SKETCHDIARY – TAGEBUCH MIT SKETCHNOTES

Du kennst ja bestimmt Tagebuch-Schreiben, oder? Hast du schon einmal überlegt, ein Sketchtagebuch zu schreiben? Mit Sketchnotes wird dein Tagebuch zu einem lebendigen Ort, an dem du deine Gedanken und Erlebnisse festhalten kannst. Wenn dein Tag zu Ende ist, dann überlege dir einfach 3 bis 4 Highlights, die du erlebt hast.

Du kannst mit dem Datum und einem Titel für deine Seite beginnen. Dann kannst du Fußspuren einfügen und zeichnest dann links und rechts von den Fußspuren, was du erlebt hast.

TRAVELJOURNAL – DAS REISETAGEBUCH

Ähnlich kannst du vorgehen, wenn du mit deiner Familie im Urlaub bist. Ein Reisetagebuch oder Travel Diary ist eine viel schönere Erinnerung als nur Fotos im Smartphone. Stell dir das Reisetagebuch wie eine Schatzkiste vor, auf der du all die aufregenden Dinge festhalten kannst. Durch das Schreiben und Zeichnen kannst du mehr über dich selbst erfahren.

Hier habe ich ein paar Symbole für dich, die du gerne nutzen kannst.

Du kannst gerne auch die Vorlage vom Sketchdiary nutzen und die Fußspuren durch Pünktchen ersetzen und eine kleine Reiseroute über deinen Tag zeichnen. Danach zeichnest du deine wichtigsten Highlights und setzt am Ende wieder Container.

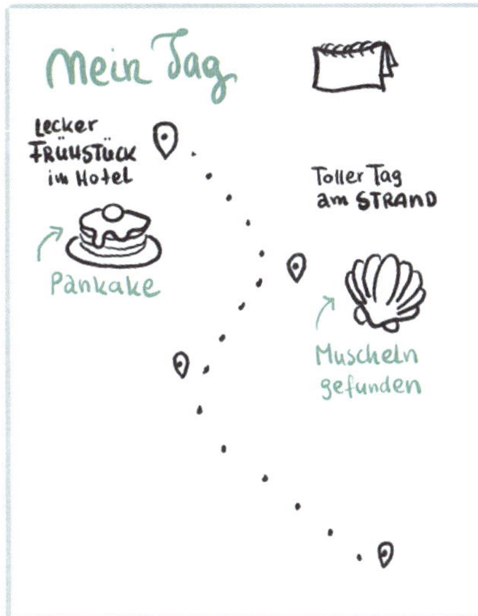

Wenn du in einer Stadt bist, kannst du auch in der Mitte ein Bild zeichnen, das zu dieser Stadt passt wie hier der Eiffelturm für Paris. Drum herum kannst du Listen erstellen und dann zum Beispiel alle Fakten, deine Highlights, was du gesehen hast, und auch deine Gedanken in einer Liste aufschreiben.

Halte aber auch Erinnerungen fest, indem du zum Beispiel ein Theaterticket oder auch Fotos einklebst. Vielleicht hast du besondere Süßigkeiten gegessen. Bewahre das Papier auf. Dazu kannst du schreiben oder auch zeichnen. So kannst du wunderschöne Collagen erstellen. Das kannst du dann auch nach dem Urlaub machen. So verlängerst du nämlich deine Ferien und frischst deine Erinnerungen auf.

Fakten über Paris
Ich war da!
Meine Highlights
meine Gedanken

super gum
Krass! Bester Kaugummi ever
Das war ein aufregendes Stück

LISTEN ERSTELLEN

LIEBLINGSLISTEN

Das Erstellen von »Lieblingslisten« mit der Bullet-Journal-Methode ist eine großartige Möglichkeit, deine Vorlieben und Interessen zu dokumentieren und auf eine kreative und organisierte Weise festzuhalten. Und stell dir mal vor, wie lustig es ist, wenn du sie ein paar Jahre später wieder ansiehst.

Überlege dir, welche Arten von Lieblingslisten du erstellen möchtest. Zum Beispiel könnten das Lieblingsbücher, Lieblingsfilme, Lieblingsrestaurants, Lieblingsreiseziele, Lieblingsmusik, Lieblingszitate oder sogar Lieblingsfarben sein. Wähle Kategorien, die zu deinen Interessen und Vorlieben passen.

Für jede Kategorie, die du ausgewählt hast, erstellst du eine eigene Seite in deinem Bullet Journal. Gib der Seite einen Titel, z.B. »Lieblingsbücher«. Überlege dir ein passendes Symbol, und schon kann es losgehen.

Fülle die Listen aus und ergänze sie jederzeit. Dann zeichnest du Bullet Points, die thematisch zum Thema passen. Ein kleines Buch für deine Lieblingsbücher, eine Note für deine Lieblingssongs.

Vielleicht haben deine Freunde auch Lust, solche Listen zu erstellen. Ihr könnt die Listen miteinander vergleichen und euch gegenseitig inspirieren.

Hier habe ich noch ein paar Symbole als Bullet Points, die du verwenden könntest:

DANKBARKEIT UND GLÜCKSMOMENTE

Das Erstellen einer Liste von Glücksmomenten in deinem Bullet Journal kann eine wunderbare Möglichkeit sein, sich an die positiven und erhebenden Augenblicke in deinem Leben zu erinnern. Hier habe ich zwei schöne Ideen, wie du eine solche Liste gestalten könntest. Du kannst zum Beispiel eine Liste für eine ganze Woche machen. Jeden Tag schreibst du auf, wofür du dankbar bist.

Das können allgemeine Dinge sein wie deine Eltern, aber auch Kleinigkeiten wie eine schöne Entdeckung im Wald. Und am Ende der Woche kannst du die Liste ansehen und dir Notizen machen. Oder du zeichnest ein großes Marmeladenglas mit Herzen und schreibst dort deine Glücksmomente rein. Glaub mir, das hebt die Stimmung und macht richtig Spaß! Wenn du mal traurig bist, dann kannst du dir diese Listen immer wieder ansehen.

Am Ende kannst du noch Container wie zum Beispiel Wolken hinzufügen und deine Zeichnungen ausmalen, wenn du möchtest.

10 ALLES FÜR DIE SCHULE

Mit Sketchnotes und der Bullet-Journal-Methode wird die Schule zu einem Abenteuerland voller Ideen und Erfolge. Du kannst deine Kreativität frei entfalten und dabei auch noch super organisiert sein.

Du hast schon sehr viel über die wichtigsten Sketchnotes-Elemente gelernt.

- Container und Rahmen
- Symbole
- Figuren
- Pfeile, Linien und Trenner
- Schrift

Bevor wir uns jetzt in ein paar Projekte stürzen, gebe ich dir noch einmal Tipps, die du bei allen Projekten gut anwenden kannst:

Das Zeichnen von Symbolen hilft dir, die Dinge besser zu merken und zu verankern.

Wenn du neben ein Symbol ein Wort schreibst, was das Symbol darstellen soll, funktioniert das noch besser, so wie du es zum Beispiel beim Stundenplan-Zeichnen machen kannst oder wenn du Vokabeln lernen möchtest, das zeige ich dir später.

Auch können dir Symbole helfen, deine Aufgaben zu verwalten. Du kannst dir für bestimmte Aufgaben Symbole ausdenken, die du dann immer wieder verwenden kannst. Dazu findest du später in diesem Kapitel mehr bei den »Keycodes« und deiner Aufgabenverwaltung.

Figuren kannst du nutzen, um auf bestimmte Dinge aufmerksam zu machen. Du kannst sie neben Texte und Container stellen und sie sind ein toller »Eyecatcher«.

Container und Rahmen haben viele Vorteile, denn es **schafft Struktur**, wenn du deine Informationen in Container aufteilst. Sie eignen sich hervorragend für Referatsplakate und Lernzettel. **Anhand von Sketchnotes kannst du dir alles besser merken**, weil die visuellen Notizen dein Gehirn auf verschiedene Weisen ansprechen. So wird das Lernen viel einfacher

Du kannst sie auch **als Gestaltungselement nutzen** – auch das schafft Struktur und sieht obendrein nett aus.

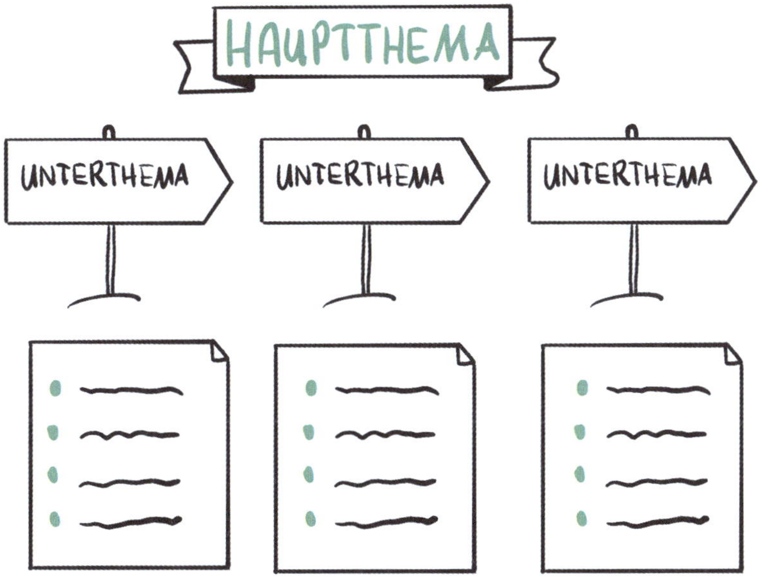

Wenn du unterschiedliche Container benutzt, kannst du unterschiedliche Themenarten optisch auseinanderhalten. Du musst nur kleine Änderungen vornehmen, um das Aussehen eines Containers zu verändern. Das müssen natürlich nicht immer Vierecke sein. Du kannst auch mit Tafeln, Pfeilen und allen möglichen Formen arbeiten.

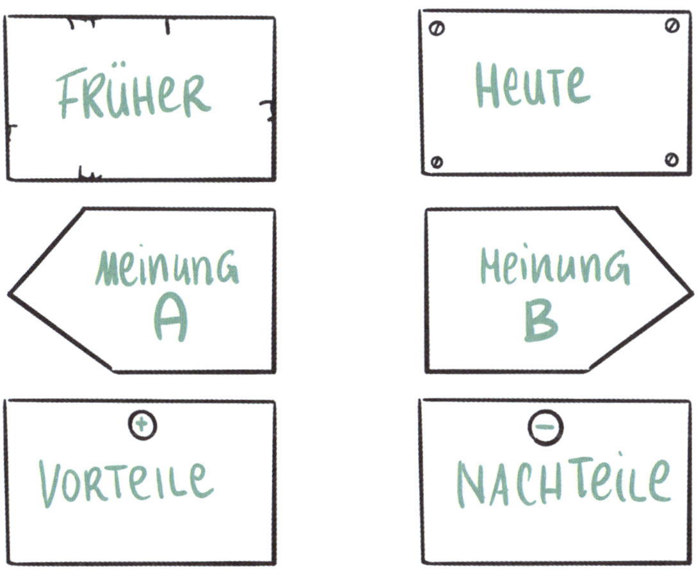

Container sind also ein wesentlicher Bestandteil und du kannst sie wunderbar bei deinen Sketchnotes und in deinem Bullet Journal verwenden. Sie strukturieren und helfen dir bei der Orientierung.

Du hast im Kapitel 8 »Schriften« viele verschiedene Schriftarten ausprobiert. Wenn du verschiedene Schrifttypen und -größen benutzt, dann kannst du bestimmen, welche Textstellen zum Beispiel »gleichwertig« sind oder wichtiger oder eben weniger wichtig sind. So kannst du z.B. das Hauptthema in einer ganz großen Schrift oben auf deine Seite schreiben und die einzelnen Unterthemen in kleinerer Schrift.

Wenn du verschiedene Schrifttypen verwendest, hilft dir das, deinen Notizen eine Struktur zu geben, die du dir besser merken kannst, denn dein Gehirn liebt es, Dinge visuell wahrzunehmen.

Diese Methode eignet sich für Mitschriften, Ideensammlungen, Lernzettel und Referatsplakate. Hier siehst du ein Beispiel:

Wenn du wichtige Aussagen oder Merksätze aufschreibst, kannst du auch gut mit Groß- und Kleinschreibung spielen. Das heißt, die wichtigen Wörter und Merkwörter schreibst du in Großbuchstaben und die Füllwörter schreibst du in Kleinbuchstaben.

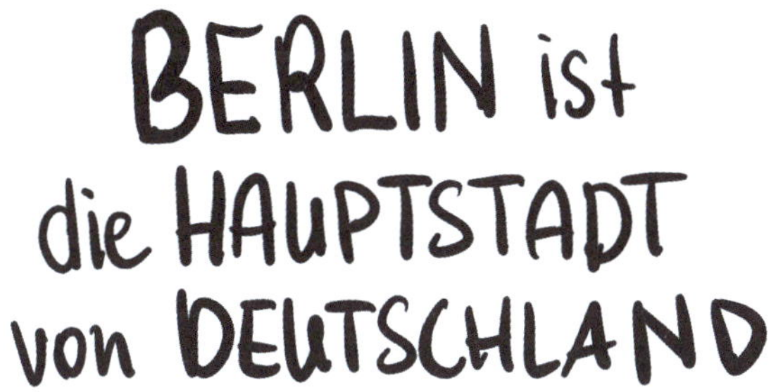

All diese Tipps helfen dir, Struktur und Lebendigkeit in deine Aufzeichnungen zu bringen. Und jetzt wollen wir uns ein paar konkreten Projekten widmen!

STUNDENPLAN ZEICHNEN MIT SKETCHNOTES

Du hast keine Lust auf langweilige Werbestundenpläne? Dann zeichne einfach deinen eigenen Stundenplan. Das Zeichnen eines Stundenplans mit Sketchnotes ist eine kreative Möglichkeit, deinen Stundenplan zu gestalten und ihn gleichzeitig übersichtlich zu halten. Du kannst dir für jedes Fach ein Symbol überlegen. Diese Symbole kannst du später auch verwenden, wenn du Hausaufgaben machst oder für ein Fach etwas lernen oder vorbereiten musst.

Hier sind schon mal einige Vorschläge für dich:

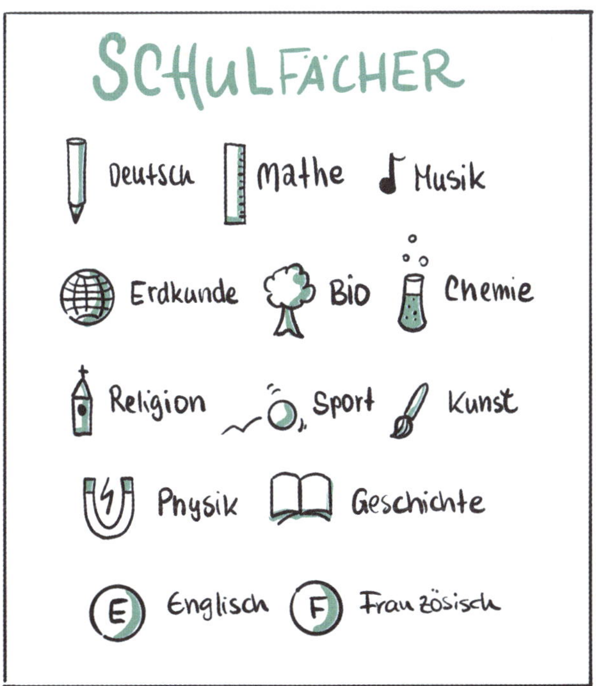

Hier ist eine einfache Anleitung, wie du deinen eigenen persönlichen Stundenplan gestalten kannst:

Erstelle die Grundstruktur: Zeichne auf deinem Blatt Papier einen Rahmen für deinen Stundenplan. Du kannst dies mit einem Lineal machen, um sicherzustellen, dass die Linien gerade sind. Zeichne Zeilen für die Wochentage (Montag bis Freitag) und links eine Spalte für die Uhrzeiten (z.B. von 8:00 bis 16:00 Uhr). Links oben kannst du deinen Namen eintragen und rechts oben deine Klasse.

Name ______ **STUNDENPLAN** Klasse ______

🕒		MO	DI	MI	DO	FR
	1					
	2					
	3					
	4					
	5					
	6					

Trage nun deine Stundenplaninformationen in die entsprechenden Felder ein. Dort trägst du dann das jeweilige Fach ein.

Name ______ **STUNDENPLAN** Klasse ______

🕒		MO	DI	MI	DO	FR
7:45 - 8:30	1	Deutsch	Religion	Chemie	Deutsch	Musik
8:35 - 9:20	2	Bio	Religion	Chemie	Deutsch	Musik
9:40 - 10:25	3	Physik	Erdkunde	Sport	Geschichte	Franz.
10:30 - 11:15	4	Physik	Erdkunde	Sport	Mathe	Franz.
11:35 - 12:20	5	Mathe	Kunst	Bio	Englisch	Deutsch
12:25 - 13:10	6	Mathe	Kunst		Englisch	Mathe

Um deinen Stundenplan noch ansprechender zu gestalten, füge einige dekorative Elemente hinzu. Das könnten Symbole wie Bücher, Stifte oder andere Materialien sein, die typisch für die Schule sind. Aber du kannst deinen Stundenplan natürlich auch mit bunten Blumen dekorieren oder was auch immer dir für deinen Stundenplan gefällt, damit er für dich schön aussieht.

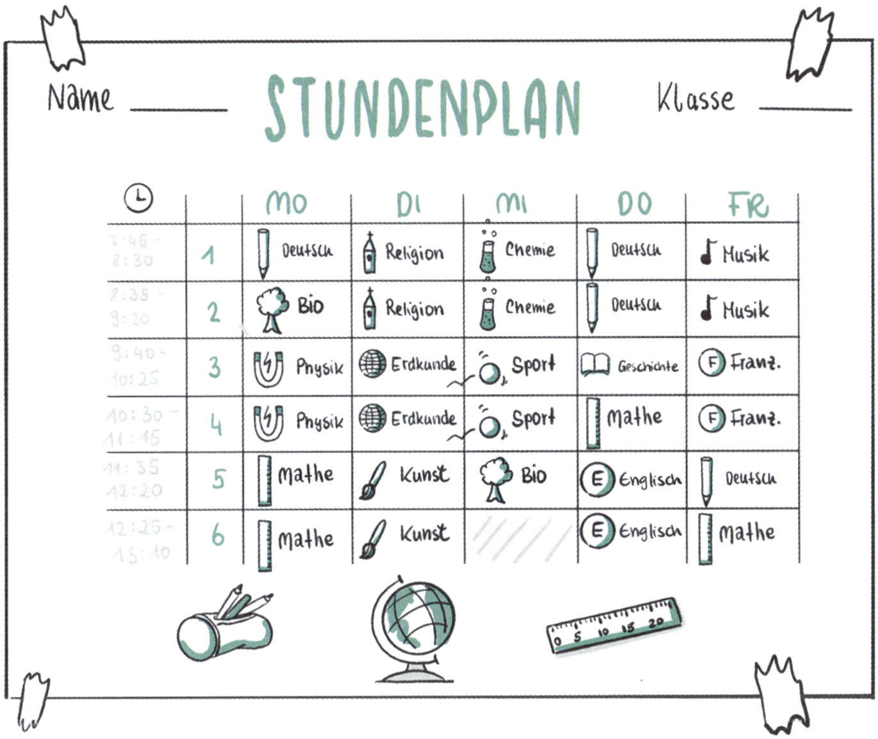

Nachdem du zufrieden mit deinem Stundenplan bist, kannst du ihn in deinem Zimmer aufhängen oder in dein Notizbuch kleben, um ihn immer im Blick zu haben.

Denke daran, dass Sketchnotes eine Möglichkeit sind, deine Kreativität auszuleben und Informationen auf eine ansprechende Weise darzustellen. Experimentiere mit verschiedenen Stilen und Techniken, um deinen Stundenplan einzigartig zu gestalten. Viel Spaß beim Zeichnen!

VERWALTE DEINE AUFGABEN UND TO-DOS

Dein Bullet Journal oder Notizbuch oder auch Aufgabenheft ist eine tolle Möglichkeit, um Dinge zu organisieren und aufzuschreiben. Damit du deine Aufgaben und To-dos gut strukturieren kannst, kannst du kleine Symbole verwenden. Das nennt sich Keycodes und das hat Ryder Carroll erfunden. Der, der auch die Bullet-Journal-Methode erfunden hat.

KEYCODES

Keycodes sind kleine Symbole, die du in deinem Bullet Journal verwendest, um wichtige Informationen oder Aufgaben zu kennzeichnen.

Stell dir vor, dein Bullet Journal ist wie eine Schatzkarte für alle deine Ideen, Pläne und Dinge, die du erledigen möchtest. Manchmal möchtest du bestimmte Dinge hervorheben oder schnell erkennen, was du machen musst. Hier kommen die Keycodes ins Spiel!

Keycodes sind wie kleine Geheimzeichen. Sie helfen dir, Dinge zu markieren, ohne viel zu schreiben. Stell dir vor, du zeichnest ein winziges Herz, wenn du etwas wirklich magst, oder ein Kreuz, wenn du eine Aufgabe erledigt hast.

Einige Beispiele für Keycodes könnten sein:

- Ein Sternchen für wichtige Dinge
- Ein Ausrufezeichen für Aufgaben, die dringend erledigt werden müssen
- Ein Fragezeichen, wenn du etwas nicht sicher weißt
- Ein Pfeil, um zu zeigen, dass du etwas verschoben oder neu übertragen hast
- Eine Glühbirne für tolle Ideen

In diesem Bild siehst du Beispiele, welche Funktion deine Keycodes haben können:

Du kannst selbst entscheiden, welche Zeichen du verwenden möchtest. Du wirst vielleicht einige sehr oft verwenden und einige weniger oft. Versuche, herauszufinden, was für dich passend sein kann. So kannst du schnell sehen, was wichtig ist und was du erledigen möchtest.

Diese Keycodes kannst du dann für deine To-do-Liste oder Tagesliste verwenden. Und wenn du sie für die Schule nutzt, kannst du sie auch mit den Symbolen aus deinem Stundenplan kombinieren.

DIE TO-DO-LISTE ODER TAGESLISTE

Und so kann eine To-do-Liste aussehen. Du setzt oben das Datum hin, damit du weißt, um welchen Tag es sich handelt. Dann schreibst du die Aufgaben hin.

Ein Punkt (oder ein anderes beliebiges Symbol, das dir dafür gefällt) für eine neue Aufgabe. Oder Symbole für bestimmte Aufgaben aus deiner Keycode-Liste.

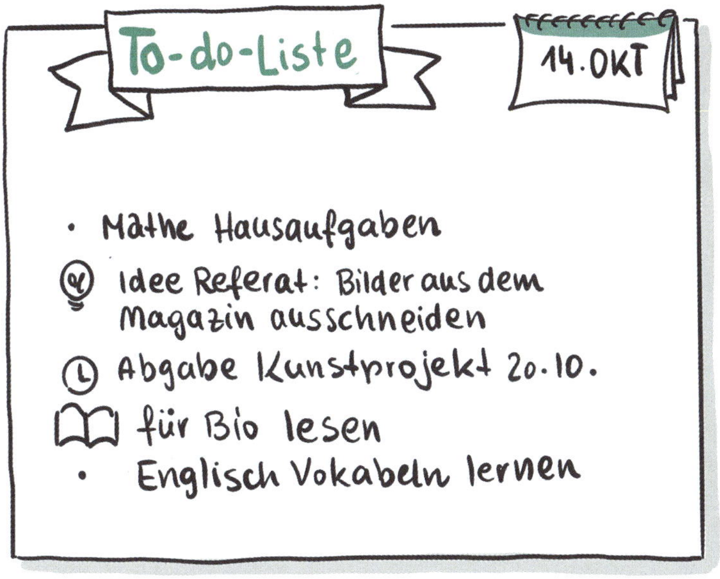

Wenn du die Aufgaben erledigt hast, dann kannst du sie mit einem Kreuz versehen. Wenn du nun abends deine Liste durchgehst, dann sind da vielleicht noch Aufgaben, die du nicht erledigt hast. Entweder du arbeitest mit dieser Liste weiter oder du erstellst eine neue Liste. Dafür nutzt du diesen kleinen Pfeil. Er bedeutet, dass du diese Aufgabe in einer anderen Liste neu aufgeschrieben hast. Ich nenne das immer »Liste aufräumen«. Das ist manchmal besser, damit es nicht zu unübersichtlich wird. Und die neue Liste wird natürlich auch wieder kürzer.

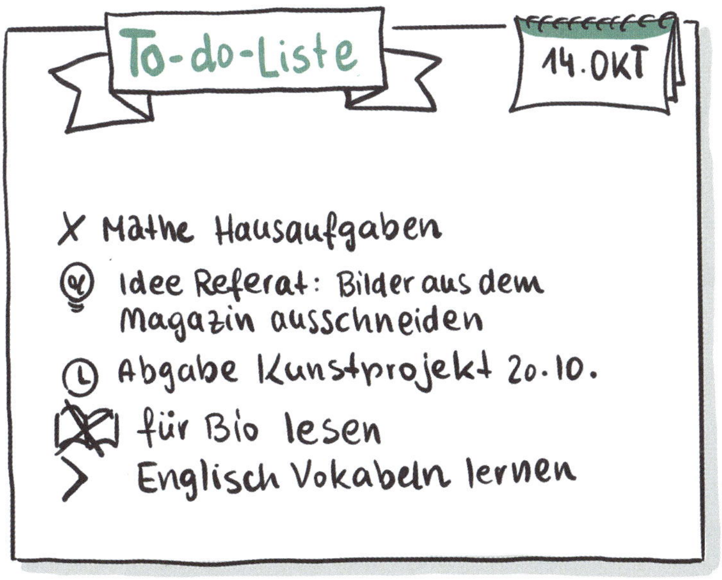

Jetzt fragst du dich vielleicht, was mit der Glühbirne passiert? Hier kannst du zum Beispiel eine neue Liste anlegen. Wo alle Aufgaben gesammelt werden, die für dieses Referat nötig sind. Wenn es zum Beispiel für Erdkunde ist, kannst du hier wieder die Symbole aus dem Kunstprojekt verwenden.

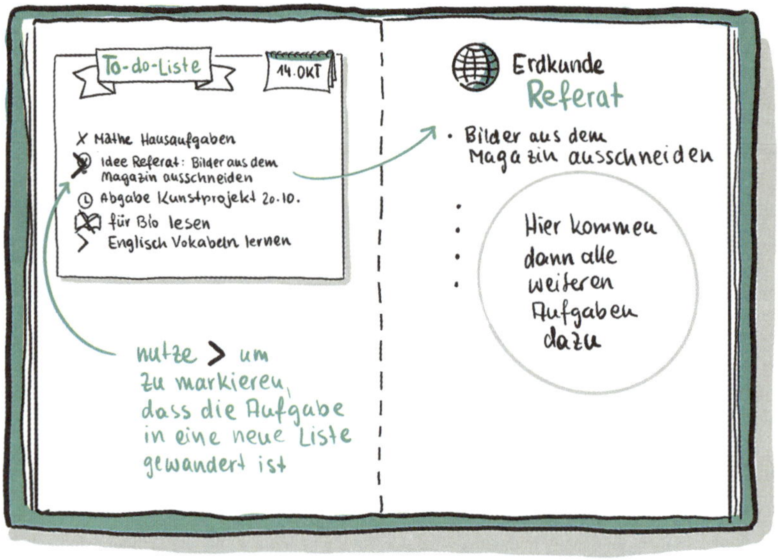

ZEICHNE DEINEN EIGENEN KALENDER

Stell dir vor, du hast ein besonderes Tagebuch, in dem du all deine Abenteuer und Pläne aufschreibst. Das nennen wir ein »Bullet Journal«. Du kannst dir also deinen Kalender ganz einfach selber zeichnen. Die **Tagesübersicht** habe ich dir schon bei den Keycodes und bei deiner To-do-Liste erklärt. Du kannst aber auch eine Wochen- und Monatsübersicht gestalten.

Die **Wochenübersicht** hilft dir, die Pläne für eine Woche zu sehen, und die **Monatsübersicht** zeigt dir alle wichtigen Tage im ganzen Monat. Beide helfen dir, Dinge zu organisieren, Spaß zu haben und keine Ereignisse zu verpassen.

DIE WOCHENÜBERSICHT IM BULLET JOURNAL

Eine Bullet-Journal-Wochenübersicht ist wie dein eigener kleiner Kalender, in dem du deine Woche planen und organisieren kannst.

Stell dir vor, du hast eine Woche vor dir, in der viele Dinge passieren. Die Bullet-Journal-Wochenübersicht hilft dir, all diese Dinge im Auge zu behalten, damit du nichts vergisst und alles richtig machen kannst.

Die Wochenübersicht sieht aus wie eine große Tabelle mit sieben Kästchen – eins für jeden Tag der Woche. Jeder Tag hat sein eigenes Kästchen, wie kleine Boxen für deine Termine und Pläne. Du kannst hier sowohl deine Aufgaben als auch deine Termine eintragen.

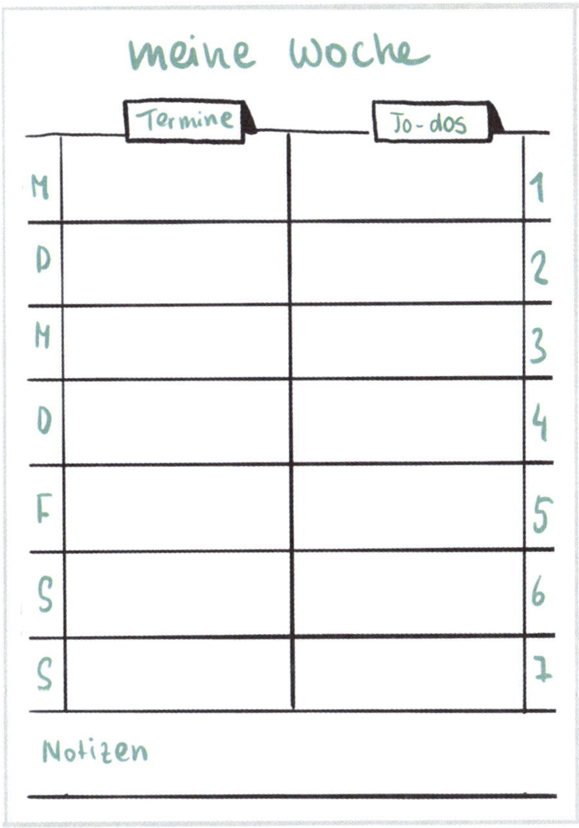

Was du tun kannst: In die Felder schreibst du, was du an diesem Tag machen möchtest oder musst. Zum Beispiel könntest du hineinschreiben, dass du am Montag zur Schule gehst und am Nachmittag mit Freunden spielst. Am Dienstag könntest du Sport haben und ein Buch lesen. Du kannst dort auch wichtige Dinge notieren, die du nicht vergessen möchtest, wie Geburtstage oder besondere Ereignisse.

Auf der rechten Seite kannst du auch Dinge eintragen, auf die du dich besonders konzentrieren möchtest. Zum Beispiel einen Lernplan. Oder wenn du eine große Aufgabe vor dir hast, die du in mehreren Schritten vorbereiten möchtest wie ein Referat zum Beispiel oder für die Vorbereitung einer Mathearbeit. Du kannst deine Ziele aufschreiben und verfolgen, ob du sie erreicht hast.

Wenn du nun diese beiden Seiten nebeneinander siehst, dann sieht das so aus.

Möchtest du links im Kalendarium nur die Termine eintragen und die To-dos extra haben? Dann kannst du dir auch ein anderes Layout überlegen. Hier siehst du links Platz für deine Termine und rechts eine To-do-Liste. Außerdem Platz für 3 Themen, auf die du dich konzentrieren möchtest, und zum Schluss kannst du deine Highlights am Ende der Woche eintragen.

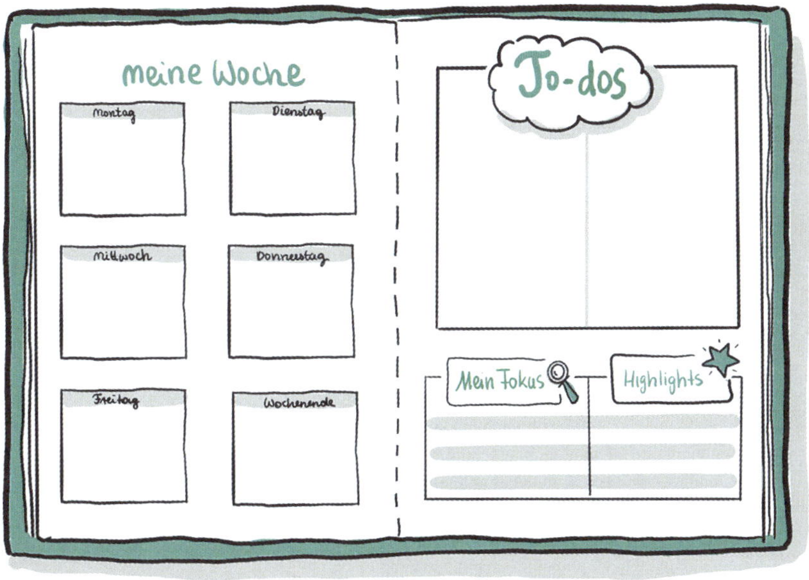

Die Wochenübersicht hilft dir, alles zu organisieren, damit du dich nicht überfordert fühlst. Du kannst sehen, wann du Zeit zum Spielen, Lernen und Entspannen hast. Und das Beste daran ist, dass du stolz auf dich sein kannst, wenn du Dinge erledigst und abhakst.

Mit einer Wochenübersicht kannst du deinen Alltag besser planen und sicherstellen, dass du jede Menge Spaß hast und erfolgreich bist.

Sei kreativ und überlege dir eigene Layouts und Vorlagen. Das Schöne am Bullet Journal ist ja: Du kannst es immer genau so anpassen, wie du es gerade brauchst.

Mache die Wochenübersicht am besten schon am Sonntag. Dann bist du entspannt und weißt schon, was in der nächsten Woche auf dich zukommt, und kannst dir einen Überblick verschaffen.

DIE MONATSÜBERSICHT IM BULLET JOURNAL

Die Monatsübersicht im Bullet Journal ist wie eine große Landkarte für den ganzen Monat. Hier kannst du all die Dinge planen, die für den jeweiligen Monat anstehen. Lass uns das zusammen anschauen:

Du kannst hier zwei Seiten in deinem Notizbuch nutzen. Links kannst du eine schöne Seite gestalten. Ich sage immer: den Monat begrüßen. Du kannst den Monat hinschreiben und ein schönes Bild gestalten, das thematisch zu dem Monat passt. Oder du klebst einen passenden Sticker ein. Ich habe hier auch einen kleinen Mini-Monat hinzugefügt. Hier musst du darauf achten, an welchem Tag tatsächlich der 1. Tag des Monats beginnt. Das ist ja nicht unbedingt immer ein Montag.

Rechts kannst du dann in der Mitte die Monatszahlen und kleine Buchstaben für die Wochentage runterschreiben. Markiere dir mit einem hellen Brushpen oder Textmarker die Wochenenden. Das ist dann gleich viel übersichtlicher.

Nun kannst du in der linken Spalte du die Termine, Geburtstage oder Ereignisse eintragen. Zum Beispiel könntest du den Tag markieren, an dem du deinen besten Freund triffst, oder wenn du zum Zoo gehst. So weißt du immer, was dich erwartet.

Rechts kannst du Dinge eintragen, die du erledigen musst oder die du nicht vergessen darfst. Wenn du weißt, dass du am 20. des Monats ein Referat halten musst, kannst du schon eine Woche vorher alle Aufgaben eintragen, die du für das Referat erledigen musst. Zum Beispiel Recherche, mit der Gruppe treffen, Bilder ausdrucken.

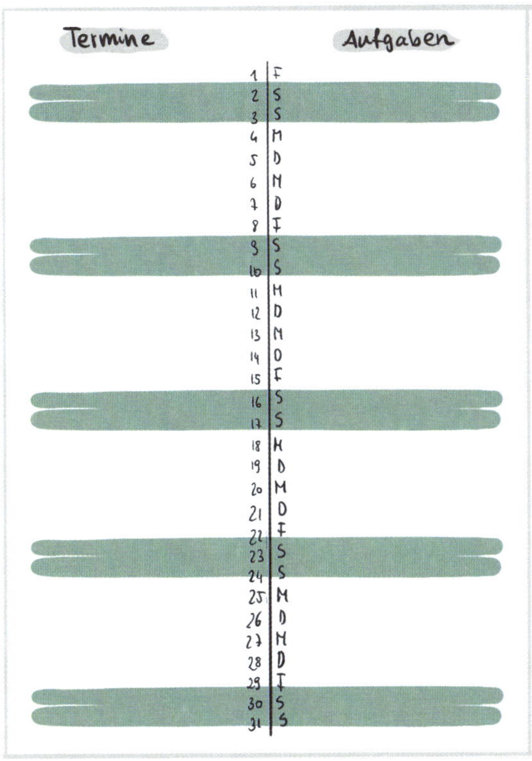

Schau doch mal, wie schön das jetzt zusammen aussieht.

Hier habe ich noch ein paar Vorschläge für Symbole, die du für die verschiedenen Monate verwenden könntest.

Die Monatsübersicht hilft dir, den Überblick zu behalten. Du kannst sehen, wann du viel zu tun hast und wann du Zeit zum Spielen hast. So kannst du planen, wann du Freunde triffst, Hausaufgaben machst oder draußen spielst.

Denke an deine Monatsübersicht wie an eine Schatzkarte für all die aufregenden Abenteuer, die im Monat auf dich warten. Sie hilft dir, deine Zeit klug zu nutzen und Spaß zu haben!

EIN REFERAT VORBEREITEN UND MIT SKETCHNOTES GESTALTEN

Ein Referat kannst du wunderbar mit der Bullet-Journal-Methode vorbereiten und das Plakat mit Sketchnotes erstellen. Ich zeige dir hier Schritt für Schritt, wie du vorgehen kannst. Und ich bin mir sicher, das wird ein tolles Highlight für dich und die ganze Klasse!

THEMENWAHL MIT BRAINSTORMING

Denk darüber nach, über welches Thema du dein Referat halten möchtest. Vielleicht ist es ein Lieblingstier, ein interessantes Land oder eine berühmte Person.

Schreibe eine Überschrift und in der Mitte zeichnest du eine Glühbirne.

Danach platzierst du drum herum alles, was dir in den Kopf kommt. Wenn du es nämlich einmal notiert hast, dann ist es erst mal raus aus dem Kopf.

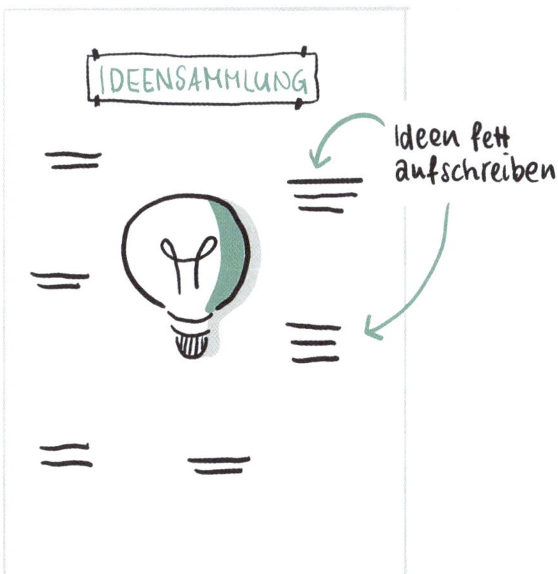

INFORMATIONEN SAMMELN MIT MINDMAPPING

Forsche und sammle Informationen über dein Thema. Lies Bücher, schau dir Videos an oder frage Erwachsene. Notiere dir die wichtigsten Fakten und weitere interessante Dinge. Wichtige Themen werden fett geschrieben. Wenn dir dann etwas zusätzlich einfällt, kannst du es in einer kleinen Schrift rundherum platzieren. So erstellst du eine sogenannte visuelle Hierarchie.

Entscheide, welche Hauptpunkte du in deinem Referat besprechen möchtest. Das könnten **drei oder vier wichtige** Dinge über dein Thema sein.

INFORMATIONEN SORTIEREN

Jetzt kannst du noch einmal die Hauptpunkte in Tabellen schreiben und alles, was du diesem Thema wichtig ist und was zu tun ist.

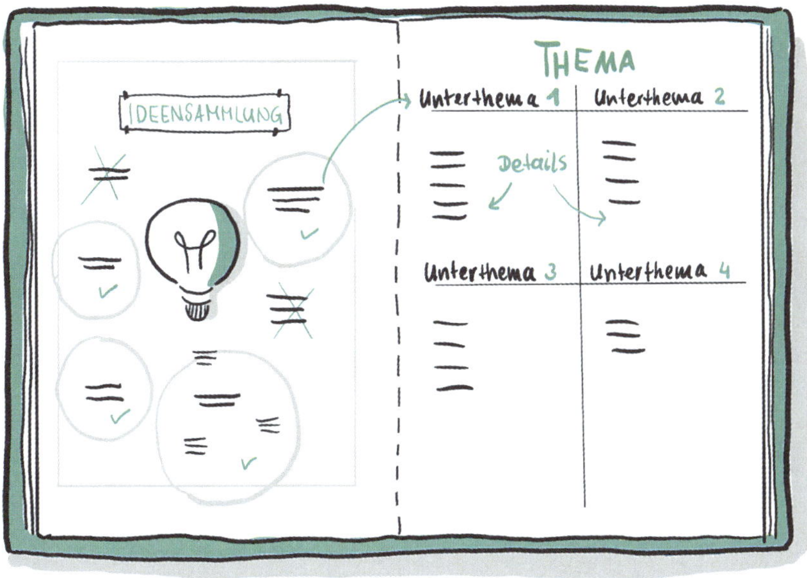

SKETCHNOTES-PLAKAT ERSTELLEN

Jetzt wird es kreativ! Ich zeige dir hier ein Beispiel mit einem schönen Thema, nämlich das Lieblingstier Löwe.

Du setzt deine Überschrift – also das Hauptthema und kannst auch ein großes Bild dazu zeichnen.

Jetzt platzierst du deine 4 Unterpunkte als Text, zeichnest ein passendes Symbol dazu und ziehst einen Container drum.

Zu den Unterpunkten kannst du jetzt die Details dazuschreiben. Auch darum kannst du einen Container ziehen. Denk daran: erst schreiben und dann erst den Container ziehen. Du musst hier auch gar nicht unbedingt zeichnen. Schreibe kurze Sätze, was du über das Thema weißt. Nutze Bullet Points für die verschiedenen Informationen.

Du kannst auch noch zusätzlich Bilder einkleben. Umrande diese Bilder aber mit einem dicken schwarzen Stift. Denn wie du bereits bei den Containern gelernt hast, kannst du durch verschiedene Container optisch zeigen, was gleichwertig oder unterschiedlich ist.

mein
LIEBLINGSTIER
LÖWE
Warum ich es mag
wo sie leben !
Lustige Fakten
Wir wir ihnen helfen können

mein
LIEBLINGSTIER
LÖWE
Warum ich es mag
wo sie leben !
Lustige Fakten
Foto
Wir wir ihnen helfen können
Foto

Halte dein Referat vor deiner Familie oder einem Freund, um zu sehen, wie es läuft.

Wenn du bereit bist, halte dein Referat vor deiner Klasse. Zeige deine Sketchnote und erzähle, was du über dein Thema gelernt hast. Du wirst sehen, wie beeindruckt alle von deinen kreativen Sketchnotes sind!

Indem du Informationen mit Bildern kombinierst, machst du dein Referat interessanter und leichter zu merken. Viel Spaß beim Erstellen deiner eigenen Sketchnotes und beim Teilen deines Wissens!

LERNZETTEL FÜR DIE SCHULE

Stell dir vor, dein Gehirn ist wie ein Computer, der alles speichern kann. Manchmal ist es allerdings so, dass es sehr viele Informationen gibt und du vor lauter Bäumen den Wald nicht mehr siehst. Da können Lernzettel helfen, all diese Informationen zu strukturieren.

Die Lernzettel handschriftlich zu gestalten, bringt einige Vorteile mit sich:

Weil wir schneller tippen, als wir denken, merken wir uns beim Schreiben mit der Hand mehr und lernen somit besser.

Beim Schreiben mit der Hand aktivierst du im Gehirn die Feinmotorik. Das sorgt dafür, dass die Hirnregionen für das Denken und Erinnern ebenfalls aktiv sind.

Das Schreiben hilft dir, die Inhalte besser zu begreifen, zu verstehen und zu merken.

Stell dir vor, dein Lernzettel ist wie eine Landkarte. Wenn du die wichtigen Dinge aufschreibst und dazu zeichnest, hilfst du deinem Computer im Gehirn, sich auf das Wichtigste zu konzentrieren. Wenn du beim Lernzettel auch Bilder und Sketchnotes nutzt, kannst du dir viele Dinge besser merken und sie zaubern am Ende die wichtigsten Sachen wieder in dein Gedächtnis.

Wenn du Lernzettel mit Sketchnotes gestaltest, wirst du auch viel mehr Lust haben, dir diese immer wieder anzusehen.

LERNZETTEL ERSTELLEN MIT SKETCHNOTES

Schritt 1 – Alle Informationen sammeln

Sammle erst mal alle Informationen, die du über dieses Thema hast und in deinen Unterlagen finden kannst. Du kannst das unübersichtlich und ohne Struktur machen. Suche alle Notizen raus, die du im Unterricht gemacht hast, schau nach, ob du Arbeitsblätter bekommen hast. Dazu kannst du auch die Mindmap-Methode benutzen, die wir beim Referat-Gestalten benutzt haben. Du kannst dir einen Überblick verschaffen. Vielleicht ergänzt du noch Informationen aus dem Internet.

Schritt 2 – Informationen strukturieren

Jetzt, wo du alle Informationen gesammelt hast, versuche, eine Struktur zu finden. Finde die Hauptthemen: Die kannst du mit einem Textmarker in einer Farbe markieren. Gibt es noch Unterthemen? Die kannst du mit einer anderen Farbe markieren.

Du kannst dir allerdings auch eine kleine Legende erstellen, wie du im folgenden Beispiel sehen kannst. Also verschiedene kleine Container zum Markieren. Dann kannst du visuell unterscheiden, worum es gerade geht. Gibt es wichtige Daten, Fakten oder Begriffe? Markiere sie.

Versuche jetzt, Zusammenhänge zwischen den Informationen zu finden. Dazu kannst du Pfeile nutzen! Welche Informationen passen zu welchen Hauptthemen oder Unterthemen? Welche Zahlen, Fakten und Begriffe gehören wohin?

Schritt 3 – Informationen aussieben

Lies dir alle restlichen Informationen durch. Schau, ob etwas doppelt vorkommt. Vielleicht gibt es auch Informationen, die nicht so wichtig sind. Die kannst du wieder streichen. Es ist auch wichtig, dass später nicht zu viele Informationen auf deinem Lernzettel sind.

Schritt 4 – Informationen übertragen

Vielleicht hilft dir auch diese Vorlage: Du kannst jetzt aus deinen Notizen die Informationen in diese Vorlage übertragen. Dann hast du alles schön strukturiert.

Ist dir etwas noch nicht ganz klar? Auch das kannst du gerne notieren und mit deinen Schulfreunden oder dem Lehrer klären, bevor du dann deinen Lernzettel gestaltest.

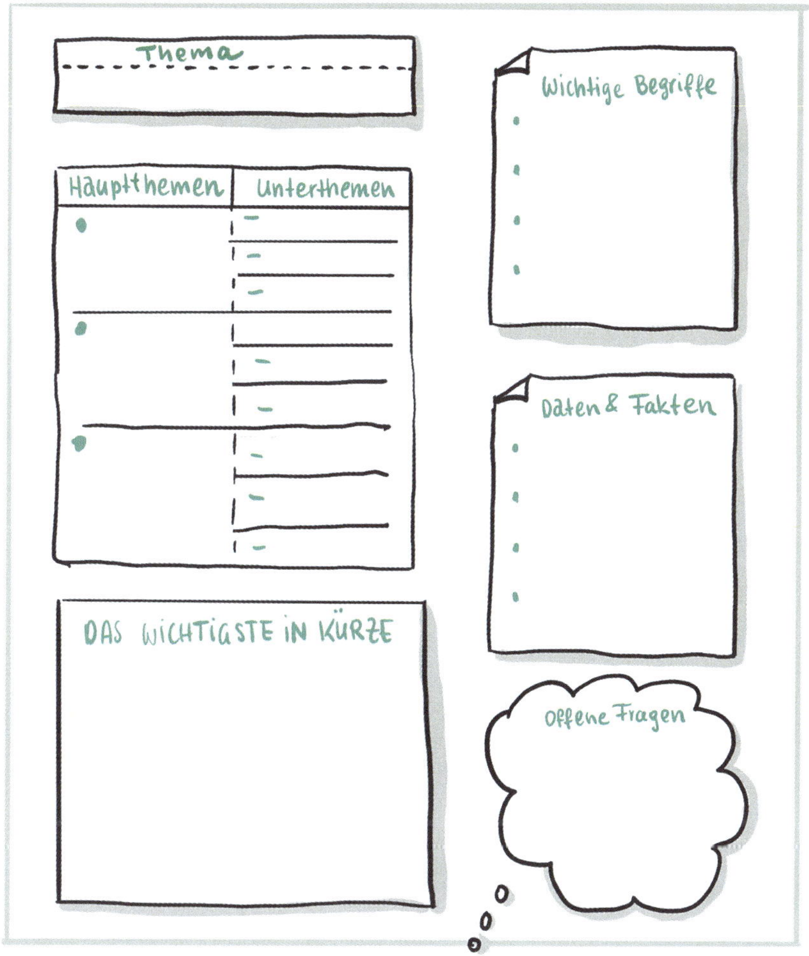

Schritt 5 – Lernzettel erstellen

Jetzt kannst du alle Informationen noch einmal in deinen Lernzettel übertragen.

Dazu kannst du dann verschiedene Container nutzen. Damit du siehst, welche Themen gleichwertig sind. Oder du nutzt Farben. Am besten sind verwandte Farben. Also zum Beispiel Dunkelblau, Hellblau und Grau. Nutze nicht zu viele Farben und mache es nicht zu bunt.

Überschriften und Unterüberschriften werden markiert, damit du die Themen schneller wiederfinden kannst.

Du kannst wesentliche Stichpunkte zum Beispiel mit Grau hervorheben.

Du kannst kleine Zeichnungen hinzufügen. Vor allem bei den Überschriften oder Unterüberschriften. Du musst aber nicht alles zeichnen.

Hier siehst du, wie du zum Beispiel ein Unterthema strukturiert auf deinen Lernzettel überträgst.

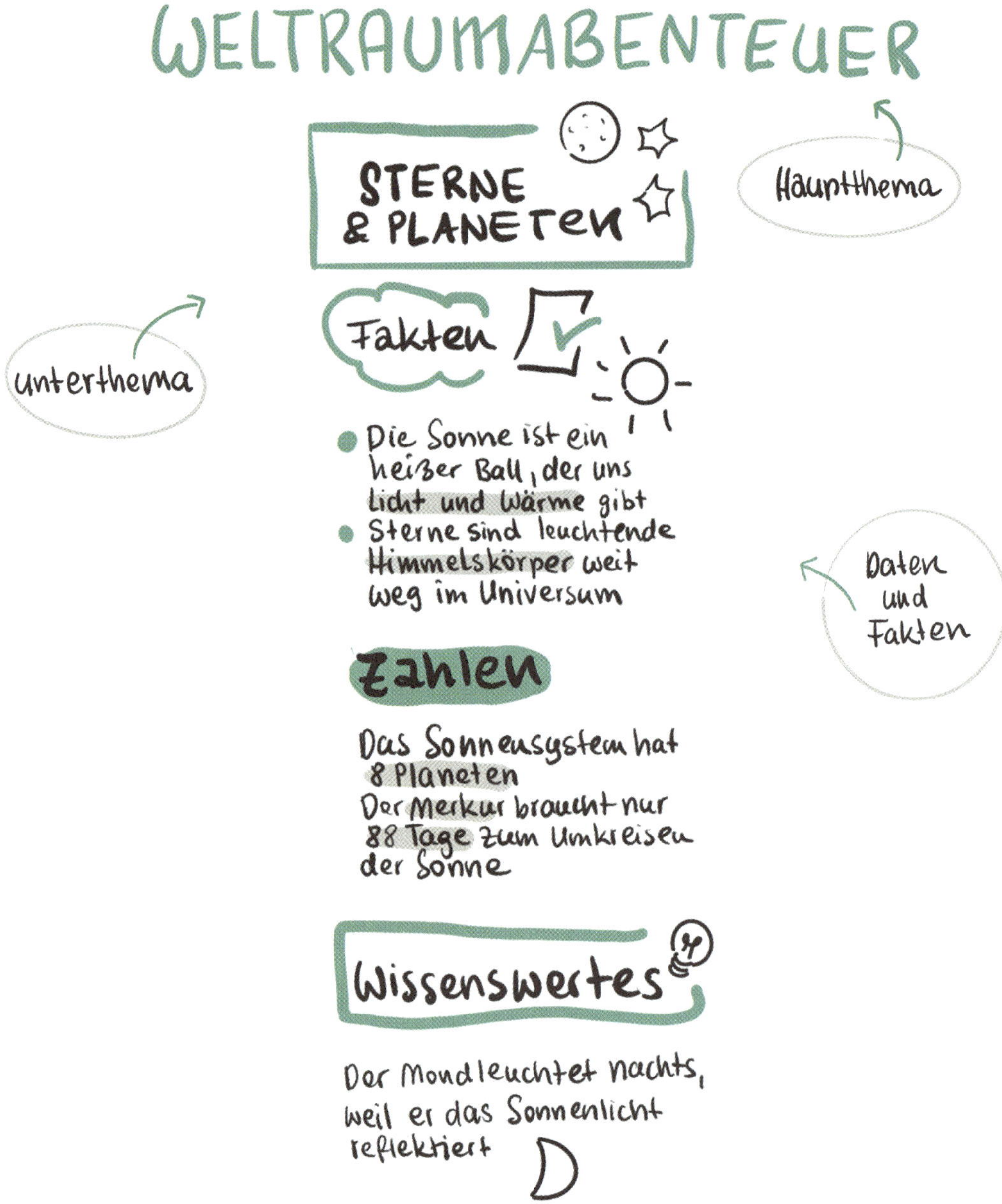

Hast du zum Beispiel zu deinem Hauptthema drei Unterthemen, dann kann dein Lernzettel am Ende so aussehen:

Du siehst, es geht nicht nur darum, alles zu zeichnen. Es geht darum, wie du erst die wichtigsten Informationen rausfilterst und sie dann in einen strukturierten Lernzettel überträgst. Für die Übersichtlichkeit sind Rahmen, Container oder Farben sehr nützlich.

VOKABELN LERNEN MIT SKETCHNOTES

Das Erlernen einer Fremdsprache und vor allem Vokabeln lernen ist oft nicht so leicht. Meistens sehen die Vokabellisten auch sehr langweilig aus. Schwarz-weiß, langweilig, leblos.

Das Lernen von Vokabeln kann mit Sketchnotes einfacher sein und auch unterhaltsam. Du kannst kleine Bilder oder Symbole verwenden, um die Bedeutung des Wortes zu veranschaulichen. Bist du ein sogenannter visueller Lerntyp, dann lernst du Vokabeln einfach am besten durch Bilder. Die Informationen – also das Fremdwort

– wird dann in deinem Gehirn automatisch mit Bildern verknüpft. Karteikärtchen sind hier am besten geeignet, weil du sie ja auch sortieren kannst. Die, die du schon kannst, kannst du wegsortieren.

- Wähle eine Vokabel aus und schreibe das Wort auf die Vorderseite
- Welches Bild passt dazu? Sprich das Wort in der Fremdsprache aus und zeichne ein Bild dazu. Dann kannst du einen Rahmen drum setzen, wie wir das schon ganz zu Beginn im Buch gelernt haben.

Das ist hier in diesem Beispiel sicherlich ganz einfach. Du schreibst das Wort DOG. Und dazu zeichnest du einen Hund. Dieses einfache Sketchnotes-Layout hilft dir, die visuelle Verbindung zwischen dem Wort »DOG« und einem Bild herzustellen.

Eine weitere Möglichkeit ist es, auch das Wort selbst ein wenig zu verzieren oder das Symbol in irgendeiner Form in die Buchstaben einfließen zu lassen

Du kannst aber auch ein wenig »Kopfkino« nutzen. Geschichten regen bei vielen Menschen die eigene Fantasie an. Das Gehörte bzw. Gelesene wird im Kopf visualisiert und mit Bildern ausgeschmückt und zum Lernen von Inhalten sehr praktisch. So kannst du Eselsbrücken herstellen, dich an Geschichten erinnern und an die Vokabel. Das Schaf heißt auf englisch: »sheep« Nun könntest du dir das Wort sheep als Schieb (von schieben) merken und folgende Zeichnung machen:

Du schiebst ein Schaf. Und das ist deine kleine Mini-Geschichte.

In manchen Sprachen musst du ja auch wissen, ob die Vokabel männlich oder weiblich ist. Nutze Farben. Du könntest einfach blau für männlich benutzen und rot für weiblich.

Je vielseitiger du Vokabeln verarbeitest, desto besser wirst du sie dir merken. Alleine die Tatsache, dass du dich damit beschäftigst, wird dir helfen, dir die Wörter besser zu merken.

NACHWORT

Herzlichen Glückwunsch, ich freue mich sehr, dass du bis hierhin gelesen und gezeichnet hast. Ich hoffe sehr, dass du nicht nur Techniken gelernt, sondern auch deine eigene Kreativität entdeckt und vor allem auch gefördert hast.

Vielleicht denkst du, du bist nun am Ende deiner kreativen Reise angelangt? Ich kann dir nur sagen: Jetzt geht es erst richtig los. Dieses Buch soll dir nicht nur als Ratgeber dienen, sondern es ist eine Einladung, deine Gedanken und Ideen auf kreative Weise festzuhalten und vor allem deine kreative Reise fortzusetzen.

Egal, ob du nun in deinem Notizbuch deine Ziele planst, Geburtstage gestaltest, für die Schule lernst oder einfach deine Gedanken festhältst – du bist der Künstler, der deinen Werken Leben einhaucht. Deine Kreativität kennt keine Grenzen, und jede Seite ist eine leere Leinwand, die darauf wartet, von dir gestaltet zu werden.

Vergiss nicht, dass es bei allem, was du tust, nicht darum geht perfekt zu sein. Es geht darum, Spaß zu haben und dich auszudrücken. Und vor allem sollen dir diese Methoden auch im Alltag und in der Schule helfen. Und ich hoffe wirklich, dass dieses Buch dich inspiriert, deiner Kreativität weiter zu folgen.

Ich habe dir viele Beispiele gegeben, wie du Sketchnotes und die Bullet-Journal-Methode für dich anwenden kannst. Überlege dir, was du noch machen könntest. Vielleicht möchtest du ein Themenskizzenbuch gestalten? Damit meine ich ein

Skizzenbuch für dein absolutes Lieblingsthema, in das du sowohl Sketchnotes zeichnest als auch Listen erstellst und in dem du deine Gedanken festhältst und alles sammelst, was damit zu tun hat.

Wie wäre es mit persönlichen Comic Strips über deinen Schulalltag oder deine Freunde? Oder hast du schon einmal daran gedacht, deine gelesenen Bücher zu sketchen? Zeichne deine Lieblingsbücher mit Sketchnotes und erstelle Listen über deine bereits gelesenen Bücher. Oder sammle inspirierende Zitate mit tollen Sprüchen und kleinen Zeichnungen.

Du siehst, es gibt unfassbar viele Möglichkeiten, wie du hier kreativ weitermachen kannst.

Ich wünsche dir, dass jeder Strich, jede Zeichnung und jede Idee eine schöne Bereicherung für deine kreative Reise ist!

Deine Diana, ich zeichne dann mal was.

STICHWORTVERZEICHNIS

Z

Tanja Wehr

Die Sketchnote STARTHILFE

Zahlreiche Schritt-für-Schritt-Anleitungen für Symbole und Icons

Praktischer Leitfaden für alle, die glauben, nicht zeichnen zu können

Mit einem umfangreichen Kapitel zu Schriften und Handlettering

Dieses Buch erleichtert allen den Einstieg ins Sketchnoten, insbesondere auch denen, die von sich denken, nicht zeichnen zu können. Tanja Wehr zeigt im Buch über 200 Symbole, Icons und Piktogramme Schritt für Schritt, so dass du sie ganz einfach nachzeichnen kannst.

Du findest detaillierte Anleitungen zu allen Sketchnote-Elementen:

Mit zahlreichen Übungen und Tipps aus der Praxis gelingen dir die ersten Schritte mit spielerischer Leichtigkeit, so dass du die im Buch dargestellten Zeichnungen sofort umsetzen kannst.

ISBN 978-3-95845-366-1

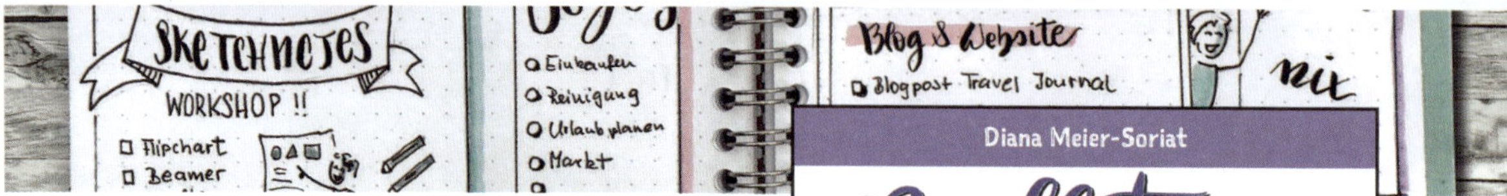

Diana Meier-Soriat

Bullet Journal
DAS PRAXISBUCH

Inspiration, jede Menge Ideen und Vorlagen für dein Bullet Journal

Die Bullet-Methode im Detail

Rapid Logging, Key Codes, Kalender mit Jahres-, Monats- und Wochenübersichten

Zahlreiche verschiedene Habit Tracker, Achtsamkeit, Tagebuch, Eventplanung, To-do-Listen, Social-Media-Planung u.v.m.

Gestalte dein Bullet Journal

Materialkunde für Notizbücher und Stifte
Gestaltung mit Schmuckelementen wie Icons, Banner und Rahmen
Alphabete für den Einsatz von Schriften
Deko mit Washi Tape, Stempeln und Co.

Du möchtest besser organisiert sein und alle Notizen an einem Ort zusammenführen? Alles genau so aufschreiben und planen, wie es zu dir am besten passt?

Diana zeigt dir in diesem Buch, wie du mit deinem Bullet Journal für dich das optimale Organisationssystem findest, egal ob beruflich oder privat. Du erfährst Schritt für Schritt, wie du startest und welche Elemente du brauchst, um gut zu planen: von deinem individuellen Kalender über die Eventplanung für Feiern wie Hochzeiten und Geburtstage bis hin zur Planung deiner Social-Media-Aktivitäten, Einkäufe und Ausgaben.

Aber damit nicht genug: Ein Bullet Journal kann noch so viel mehr. Es bietet dir unendlich viele Möglichkeiten, alles aufzuschreiben, was für dich wichtig ist. In diesem Buch findest du zahlreiche Ideen z.B. für verschiedene Habit Tracker und das Aufschreiben persönlicher Dinge wie Stimmung, Schlaf u.v.m. Oder du nutzt dein Bullet Journal zusätzlich als Tagebuch und Erinnerung an schöne Erlebnisse.

Und wenn du gerne kreativ sein möchtest, findest du außerdem viel Inspiration und jede Menge Beispiele zur Gestaltung deines persönlichen Bullet Journals mit Icons, Schriften, Farben und Dekoelementen wie Washi Tape, Stempel und Co.

MIT DEINEM BULLET JOURNAL BIST DU BERUFLICH UND PRIVAT IMMER PERFEKT ORGANISIERT!

Probekapitel und Infos erhalten Sie unter:
www.mitp.de/706

ISBN 978-3-95845-706-5